中国社会科学院中国边疆史地研究中心　厉声　主编

当代中国边疆·民族地区典型百村调查：西藏卷（第一辑）

分卷主编：倪邦贵　孙宏年

康鲁商业街街口（2007年3月19日 郑洲摄）

杰德秀镇政府办公大楼（2007年3月20日 郑洲摄）

农牧民家客厅一角（2007年3月21日 郑洲摄）

农牧民正在用拖拉机进行田间耕种（2007年3月23日 郑洲摄）

农牧民正在进行安居工程建设（2007年3月23日 郑洲摄）

入户访谈（2007年3月24日 郑洲摄）

氆氇机（2007年3月25日 郑洲摄）

农牧民家的住房（2007年3月25日 郑洲摄）

安居工程新建房屋的主要集中点（2007年3月26日 郑洲摄）

纺织好的氆氇（2007年3月26日 郑洲摄）

在康鲁商业街的商店里访谈 （2007年3月27日 郑洲摄）

杰德秀居委会的退耕还林工程（2007年3月28日 郑洲摄）

邦典 （2007年3月20日 郑洲摄）

藏历新年中做的点心 （2007年3月24日 郑洲摄）

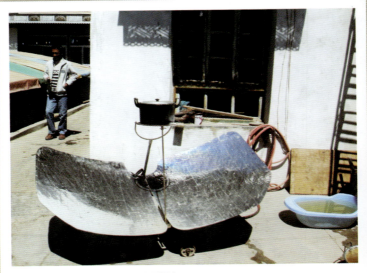

太阳灶 （2007年3月23日 郑洲摄）

传统炉灶 （2007年3月22日 郑洲摄）

孙继琼 ◎ 著

中国社会科学院中国边疆史地研究中心 厉 声 主编

当代中国边疆·民族地区典型百村调查：西藏卷（第一辑）

民族手工业村经济与社会发展

——西藏山南地区贡嘎县杰德秀居委会调查报告

社会科学文献出版社

SOCIAL SCIENCES ACADEMIC PRESS (CHINA)

总 序

  深入实际、开展国情调研，是中国社会科学院肩负的重要科研任务，也是中国社会科学院履行好党中央、国务院赋予的"思想库"、"智囊团"职能的重要方式。中国边疆省区占国土面积的60%以上，边疆区情及当地的民族社会调研（边疆调研）是中国国情调研的重要组成部分。正如一位边疆工作者所说：不了解少数民族，就不了解中华民族；不了解边疆，就不了解中国。1983年中国社会科学院中国边疆史地研究中心建立后，特别是1990年以来，一直将边疆调研作为学科研究的重点之一。

  2004年，中国边疆史地研究中心承担国家哲学与社会科学基金特别项目"新疆历史与现状综合研究"（简称"新疆项目"）。2006年，中国边疆史地研究中心牵头，立项开展"当代中国边疆·民族地区典型百村调查"（简称"百村调查"），作为此特别项目的子课题。"百村调查"以新疆为重点，在全国新疆、西藏、内蒙、宁夏、广西五个民族自治区和云南、吉林、黑龙江三省基层地区同时开展，共调查100个边疆基层村落。调查工作在"新疆项目"领导小组和专家委员会指导下，由"百村调查"专家委员会暨编委会组织实施。在中国边疆史地研究中心主持拟定的调查大纲框架下，发挥每个省区的优势，体现各自的特色。

本项目的实施得到了边疆地区各级地方党政部门的支持。首先，调查工作注意与地方党政部门的相关工作衔接、听取意见，在实施调查之前，主动向各级党政部门汇报情况，听取指示和意见。其次，调查组主动让各级党政部门了解调研的全过程，在调研过程中出现问题时及时向相关党政部门请示。再次，调研阶段成果和最终成果的副本同时提供地方党政部门参考。

"百村调查"的调研主题是：改革开放30年来中国边疆基层村落的民族社会和经济发展的历史与现状。具体内容包括：乡村概况、基层组织、经济发展、社会生活、民族、宗教、文教卫生、民俗风情等。项目调研的时间是：2007~2008年（资料下限至2007年底或适当延长）。

"百村调查"的调研对象为：100个具有典型意义与特色的中国边疆基层村落。课题以基层乡、村两级为调查基点，大致每个省区选择2个地州，每个地州选择1~2个县，每个县选择2个乡，每个乡选择2个村。新疆共调查22个村，其他地区均为13个村（辽宁、吉林、黑龙江以东北边疆为单元，共调查13个村）。调查点的选择要求：

（1）本地区社会稳定与经济发展中具有典型意义的基层乡和村。

（2）存在边疆现实政治、社会或经济发展的热点、难点问题。

（3）与20世纪50年代全国边疆民族调查能有一定的衔接。

"百村调查"采取学术调查与现实政治相结合的方法，以社会人类学入村入户调研方法为主，同时关注现实政治、社会与经济发展中的热点、难点问题；一般共性调查与专题专访调查相结合，在一般综合性调查的基础上，选择好专访或专题调研的"切入点"——总结经验与完善不足相结合，在总结各项工作经验的同时，善于发现问题和提出解决问题的对策与建议。调研注重入户访谈和小范围座谈的专访调查。在一般性问卷和统计资料收集的基础上，注重对基层干部、群众典型、教师、宗教人士等特定人员的专题访谈，倾听和收集他们对基层社会稳定与经济发展的看法、意见和建议，形成能说明问题的专访或专题调研报告。

"百村调查"的成果形式分为调查综合报告与专题报告两大类。

（1）调查综合报告：依据大纲规定，撰写有关乡村经济社会等发展状况的综合报告，课题结项后分期公开出版。专题报告及调查资料可以公开发表的，在篇幅允许的情况下，作为附录附在综合报告末尾。

（2）专题报告：内容较敏感、不适宜公开出版的专题报告，集成《专题报告集》，内部刊印。

"百村调查"主编　厉声　谨识

2009年8月25日

目 录
CONTENTS

序　言／1

第一章　概况与村史／1
　第一节　概况／1
　第二节　村史／23

第二章　基层组织／28
　第一节　基层组织概况／28
　第二节　规章制度／35
　第三节　民主法制／46
　第四节　居民委员会选举情况／54

第三章　农牧业发展／59
　第一节　农业／59
　第二节　养殖及农业产业化／74
　第三节　农业科技推广／80
　第四节　农牧业服务体系／86

第四章　社会发展／89

　第一节　人口／89

　第二节　社会分层／93

　第三节　家庭／96

　第四节　婚姻与亲属关系／103

　第五节　社会礼仪／107

第五章　民族与宗教／117

　第一节　民族／117

　第二节　宗教／119

第六章　各项事业／132

　第一节　农村义务教育／132

　第二节　医疗卫生／146

　第三节　社会保障和救济／160

第七章　基本生活／169

　第一节　住房／169

　第二节　食品／171

　第三节　运输及衣着／176

　第四节　能源／178

　第五节　文化体育／182

　第六节　安居工程／184

第八章　民族手工业与农牧民收支／199

　第一节　民族手工业／199

　第二节　杰德秀地毯厂调查报告／210

第三节　农牧民收支／218

第四节　劳务输出／233

第九章　农村公共产品供求／239

第一节　农村公共产品的界定／239

第二节　西藏农村公共产品供给的特殊内涵与外延／242

第三节　杰德秀居委会农村公共产品供求现状的
　　　　经验分析／249

第四节　基层政府与农村公共产品供给／261

后　记／272

图目录
FIGURE CONTENTS

图 1 - 1　贡嘎县行政区划／3

图 1 - 2　杰德秀镇 GDP 变化趋势／7

图 1 - 3　杰德秀镇农牧民人均纯收入变化趋势／8

图 1 - 4　贡嘎县各乡镇 GDP 比较／8

图 1 - 5　杰德秀居委会示意／11

图 1 - 6　101 省道（2007 年 3 月 19 日　郑洲摄）／12

图 1 - 7　康鲁商业街街道（2007 年 3 月 19 日
　　　　　郑洲摄）／19

图 1 - 8　康鲁商业街上的连锁便民超市（2007 年 3 月 20 日
　　　　　郑洲摄）／19

图 1 - 9　康鲁商业街上的服装店（2007 年 3 月 20 日　郑洲
　　　　　摄）／20

图 1 - 10　邦典（2007 年 3 月 20 日　郑洲摄）／24

图 2 - 1　新建安居工程点（2007 年 3 月 22 日　郑洲摄）／44

图 3 - 1　位于 101 省道边的基本农田（2007 年 3 月 22 日
　　　　　郑洲摄）／61

图 3 - 2　农田水渠系统／62

图 3 - 3　农牧民开着拖拉机去农田耕种（2007 年 3 月 23 日
　　　　　郑洲摄）／67

图 3 - 4　农田里的老鼠洞（2007 年 3 月 20 日　郑洲摄）／71

图 3 - 5　水渠里的垃圾（2007 年 3 月 20 日　郑洲摄）/ 72

图 3 - 6　农田旁布满了垃圾（2007 年 3 月 20 日　郑洲摄）/ 73

图 4 - 1　年龄比例构成 / 90

图 4 - 2　平错顿郁老人（2007 年 3 月 23 日　郑洲摄）/ 91

图 4 - 3　老人衣服上的长寿标志（2007 年 3 月 23 日　郑洲摄）/ 92

图 4 - 4　普布次仁家收购的糌粑（2007 年 3 月 25 日　郑洲摄）/ 95

图 4 - 5　婚后居住方式 / 102

图 4 - 6　藏历新年中做的点心（2007 年 3 月 24 日　郑洲摄）/ 114

图 5 - 1　一农牧民正在顿布曲果寺外转嘛呢筒（2007 年 3 月 27 日　郑洲摄）/ 124

图 5 - 2　手持念珠和经筒的农牧民（2007 年 3 月 27 日　郑洲摄）/ 126

图 6 - 1　对教育重要性的认识 / 134

图 6 - 2　合作医疗证（2007 年 3 月 24 日　郑洲摄）/ 150

图 6 - 3　农村合作医疗证保偿须知（2007 年 3 月 24 日　郑洲摄）/ 151

图 6 - 4　杰德秀居委会农牧民对现行农村合作医疗制度的评价 / 154

图 6 - 5　西藏自治区农牧区家庭医疗账户本（2007 年 3 月 24 日　郑洲摄）/ 158

图 6 - 6　农牧区特困群众生活救助证（2007 年 3 月 28 日　郑洲摄）/ 162

图 6 - 7　特困户阿南（2007 年 3 月 28 日　郑洲摄）/ 164

图 7 - 1　农牧民正在进行安居工程建设（2007 年 3 月 27 日

郑洲摄）／169

图 7 - 2　农牧民家客厅一角（2007 年 3 月 24 日　郑洲摄）／170

图 7 - 3　房屋顶的绘画（2007 年 3 月 28 日　郑洲摄）／171

图 7 - 4　巴果家正在酿制青稞酒（2007 年 3 月 24 日　郑洲摄）／174

图 7 - 5　风干的牛羊肉（2007 年 3 月 28 日　郑洲摄）／174

图 7 - 6　农牧民家中停放的拖拉机（2007 年 3 月 27 日　郑洲摄）／177

图 7 - 7　太阳灶（2007 年 3 月 23 日　郑洲摄）／178

图 7 - 8　传统炉灶（2007 年 3 月 22 日　郑洲摄）／178

图 7 - 9　晒干的牛粪（2007 年 3 月 26 日　郑洲摄）／179

图 7 - 10　农牧民的娱乐活动（2007 年 3 月 26 日　郑洲摄）／183

图 8 - 1　两母女正在为纺织做准备（2007 年 3 月 27 日　郑洲摄）／201

图 8 - 2　课题组成员和一位正在家里纺织的妇女合影（2007 年 3 月 25 日　郑洲摄）／203

图 8 - 3　农牧民家中破旧的氆氇机（2007 年 3 月 26 日　郑洲摄）／206

图 9 - 1　西藏财政自给能力指数／246

图 9 - 2　西藏与全国农村居民家庭人均纯收入的差距／247

图 9 - 3　西藏农村公共产品的异化／247

表目录
TABLE CONTENTS

表 1 – 1　贡嘎县所辖镇、乡情况／3

表 1 – 2　贡嘎县国内生产总值（GDP）／5

表 1 – 3　1999～2005 年贡嘎县乡镇人均纯收入／9

表 1 – 4　外来经商人员统计／13

表 1 – 5　杰德秀民族构成情况／15

表 1 – 6　杰德秀居委会与其他村（居）委会比较／17

表 1 – 7　杰德秀镇营业场所统计／21

表 1 – 8　围裙和氆氇简介／26

表 2 – 1　居民委员会构成／28

表 2 – 2　各村党员人数／30

表 2 – 3　团员人数统计／32

表 2 – 4　杰德秀居委会团员人数统计／32

表 2 – 5　杰德秀镇各村安居工程新建户和改造户统计／42

表 2 – 6　杰德秀镇"四民"活动情况统计／45

表 2 – 7　参与民主选举的情况／56

表 3 – 1　杰德秀镇农田水利基本建设"十一五"规划
　　　　　项目／66

表 3 – 2　2006 年杰德秀居委会退耕还林补贴兑现情况／68

表 4 – 1　杰德秀居委会人口增长速度／90

表 4 – 2　职业构成／93

4

表4－3　5户以商业为主的家庭／94

表4－4　杰德秀居委会农牧民通婚范围／104

表4－5　对扩大通婚范围的态度／105

表4－6　婚姻决定权与择偶方式／107

表4－7　婚后居住方式／108

表4－8　节日礼俗／113

表6－1　杰德秀居委会家庭户主的文化程度／133

表6－2　对当地农村办学条件的看法／134

表6－3　对城乡教育区别的评价／135

表6－4　对当前"三包"政策的评价／136

表6－5　杰德秀居委会流失学生统计／140

表6－6　家庭医疗账户基金总账构成／148

表6－7　2006年杰德秀居委会参与农村合作医疗情况／153

表6－8　巴果家庭医疗账户基金总账／159

表6－9　家庭医疗账户基金及家庭成员就医明细账／159

表6－10　杰德秀居委会特困户和五保户统计／161

表7－1　沼气项目布局／180

表7－2　沼气窖投资概算表（含劳务投入）／181

表7－3　指挥部人员组成／188

表7－4　杰德秀镇安居工程改建户统计／189

表7－5　安居工程新建项目占地标准／191

表7－6　农牧民施工队人员构成／194

表7－7　杰德秀镇杰德秀居委会农牧民施工队／194

表8－1　贡嘎县杰德秀镇地毯厂员工花名册／212

表8－2　杰德秀镇地毯厂公用物品清单／214

表8－3　2006年杰德秀居委会农牧民收入构成情况／224

表8－4　2006年杰德秀居委会农牧民支出结构情况／226

表 8 – 5　劳务输出类型／234

表 8 – 6　劳务输出去向／235

表 8 – 7　2006 年杰德秀居委会农牧民收入构成情况／236

表 9 – 1　农村公共产品类型／249

表 9 – 2　对目前基本生产类农村公共产品提供情况的
　　　　　评价／251

表 9 – 3　对目前基本生活类农村公共产品提供情况的
　　　　　评价／253

表 9 – 4　对目前福利保障类农村公共产品提供情况的
　　　　　评价／255

表 9 – 5　农村公共产品位序结构／256

表 9 – 6　杰德秀镇政府所有请示报告／262

序 言
FOREWORD

  中华人民共和国成立 60 年来，特别是西藏和平解放以来，在 120 多万平方公里的雪域高原上发生了翻天覆地的历史巨变，百万农奴翻身得解放，成为人类发展史上的里程碑，经济社会发展的成就举世瞩目；农村在变，牧区在变，城市也在变，西藏广大农牧民的生活今非昔比，农牧民的观念同样也发生了值得关注的变化。面对如此巨大的变化，今天的我们怎样才能为后人留下这一瞬间，留住它们的轨迹？作为有历史感、责任感的学人，怎样才能完成我们这一代人的这一历史责任？由中国社会科学院中国边疆史地研究中心主持的国家社科基金特别项目"当代中国边疆·民族地区典型百村调查"（以下简称"百村调查"），便是中国一批学者立足调研，探求中国边疆民族地区乡村巨变的求索和努力！

  我们开展这个项目的初衷是对西藏乡村巨变以及经济社会发展进行全面的反映，特别是对西藏和平解放以来翻天覆地的巨大变化做一次现场实录，但随着中华人民共和国成立 60 周年、西藏和平解放 60 周年的到来，为了尽一个学人的历史责任，我们的目的也就定位在为中华人民共和国成立 60 周年、西藏和平解放 60 周年献礼！同时，这一工作也着力反映了西藏半个多世纪以来特别是 21 世纪以来经

1

济社会发展的巨大成就，为西藏在中国共产党的领导下走有中国特色西藏特点发展路子提供了大量的科学依据与前期研究成果资料，为维护西藏社会局势的稳定提供了强有力的证据。我们就积极地承担并完成这一重大课题的调研，调研的对象自然是西藏自治区。

一　西藏自治区基本情况

西藏自治区位于北纬 26°50′～36°53′，东经 78°25′～99°06′。北界昆仑山、唐古拉山与新疆维吾尔自治区和青海省毗邻，东隔金沙江与四川省相望，东南与云南省相连，南与缅甸、印度、不丹、尼泊尔等国接壤，面积 120 多万平方公里，仅次于新疆，居全国第二位。

西藏自治区山川秀美，气候独特，土地富饶。西藏高原平均海拔 4000 米以上，构成"世界屋脊"——青藏高原的主体。境内绵亘着众多巨大的山脉，东西走向的喜马拉雅山、冈底斯—念青唐古拉山、喀喇昆仑—唐古拉山、昆仑山四大山脉，横亘于高原的南侧、中部和北缘，属于横断山脉系列的伯舒拉岭、他念他翁山和芒康山则南北平行而下，蜿蜒于西藏东南，从而将西藏地区分割为四个相对的自然区域，即藏北高原、藏南谷地、藏东高山峡谷和喜马拉雅山地。境内海拔 7000 米以上的高峰有 50 多座，其中海拔在 8000 米以上的有 11 座，喜马拉雅山中段的中尼边界上的珠穆朗玛峰，海拔 8844.43 米，为世界第一高峰。高大山脉是构成高原地貌的骨架，也是古代冰川发育的中心，海拔 5000 米以上的山峰大多终年积雪，冰川广泛发育，是河川径流水的主要来源。境内江河、湖泊众多，外流江河有位于南部的雅鲁藏布江，从西至东流经全区，主要支流

有年楚河、拉萨河、尼洋河，习惯称"一江三河"，是西藏
主要农区，东部有金沙江、澜沧江、怒江，西部有象泉河、
狮泉河等。内流河主要分布在怒江上游分水岭以西的冈底
斯山、念青唐古拉山的藏北高原和雅鲁藏布江上游分水岭
及喜马拉雅山以北地带，年流量仅占江河径流量的 8% 左
右，而外流域面积占了西藏自治区的 51%。西藏还是中国
湖泊最多的地区，大小湖泊约有 1500 多个，其中面积大于
200 平方公里的湖泊有 24 个，约占全国湖泊面积的 1/3。

　　早在四五万年前，西藏地区就已有古人类活动，他们
披荆斩棘，同大自然进行长期斗争，并繁衍生息，成为这
片高原的最早开发者。藏族著名典籍《贤者喜宴》对此做
了形象的描述："食用果实变成人，采集树叶当衣衫，如同
野兽居森林，好象珞（巴）、门（巴）遍西藏。"考古工作
者的发现和发掘表明，西藏地区的先民先后经过了旧石器、
新石器和铜石并用等时期，各个时期都与内地同时期的文
化遗存有着密切的联系。新石器晚期，他们由蒙昧走向文
明，由氏族、部落发展为部落联盟，又建立了蕃、象雄、
苏毗等奴隶制邦国。公元 7 世纪初，蕃国第三十二代赞普松
赞干布，以其卓越的政治远见和军事才能，完成统一大业，
在西藏高原上建立了奴隶制的吐蕃王朝。到 9 世纪中叶，吐
蕃在奴隶和平民大起义的冲击下土崩瓦解，在其本土逐渐
形成许多割据政权，10～13 世纪前半叶逐步完成了奴隶制
向封建制的过渡。13 世纪中叶，西藏成为中央政府直接治
理下的一个行政区域。此后，中国经历了元朝、明朝、清
朝和中华民国的兴替，多次更换中央政权，但西藏一直处
于中央政权的管辖之下。

　　1949 年 10 月 1 日，中华人民共和国成立，此时的西藏

处于比欧洲中世纪还要黑暗、落后的政教合一的封建农奴制社会中，占西藏总人口不足 5% 的农奴主占有西藏绝大部分生产资料，垄断着西藏的物质和精神财富，而占人口95% 以上的农奴和奴隶没有生产资料和人身自由，遭受着极其残酷的压迫和剥削，挣扎在极端贫困的悲惨境地中，毫无权利可言。1951 年，中央人民政府与西藏地方政府签订《关于和平解放西藏办法的协议》（简称《十七条协议》），使西藏摆脱了帝国主义侵略势力的羁绊，实现和平解放，为西藏与全国一起实现共同进步与发展创造了基本前提。《十七条协议》强调"西藏地方政府应自动进行改革"，但考虑到西藏的特殊情况，中央人民政府对改革采取了十分慎重的态度，以极大的耐心、宽容和诚意，劝说、等待西藏地方上层统治集团主动进行改革。但是，在帝国主义势力策动支持下，西藏地方上层统治集团的一些人面对人民日益高涨的民主改革要求，根本反对改革，顽固坚持"长期不改，永远不改"，企图永远保持政教合一的封建农奴制度，并于 1959 年 3 月 10 日悍然发动了全面武装叛乱。在这种情况下，为维护国家的统一和西藏人民的根本利益，中央人民政府与西藏人民一道坚决平息了武装叛乱。与此同时，在西藏掀起了一场轰轰烈烈的群众性民主改革运动，废除了政教合一的封建农奴制度，解放了百万农奴和奴隶，开创了西藏人民当家做主的新时代。

半个世纪以来，西藏各族人民在中央人民政府的关心和全国人民的支持下，以主人翁的姿态和空前的热情投身建设新社会、创造新生活的伟大进程中，创造了一个又一个西藏历史上亘古未有的奇迹。西藏的社会制度实现了跨越式发展，现代化建设日新月异、突飞猛进，社会面貌发生了翻天覆地的历史性变化。作为西藏历史巨变的一部分，农村、牧区的变迁和广大农牧民生产、生活和观念的变化尤其值得重视。

首先，土地改革废除封建农奴主的土地所有制，使农奴和奴隶成为土地的主人。1959 年 9 月 21 日，西藏自治区筹备委员会通过《关于废除封建农奴主土地所有制实行农民的土地所有制的决议》，决定对参加叛乱的农奴主的土地和其他生产资料一律没收，分配给农奴和奴隶；对未参加叛乱的农奴主的土地和其他生产资料由国家出钱赎买后，分配给农奴和奴隶。据统计，在民主改革中，国家共没收和赎买农奴主土地 280 多万亩，分给 20 万户的 80 万农奴和奴隶，农奴和奴隶人均分得土地 3.5 余亩。西藏百万农奴和奴隶第一次成为土地和其他生产资料的主人，焕发了空前的生产和生活热情，迅速改变了西藏的社会面貌和生活条件。据统计，土改基本完成的 1960 年，西藏全区的粮食总产量比 1959 年增长 12.6%，比土改前的 1958 年增长 17.5%。牲畜存栏总数 1960 年比 1959 年增长 10%。在民主改革中，西藏建立起第一个供销社、第一个农村信用社、第一所民办小学、第一所夜校、第一个识字班、第一个电影放映队、第一个医疗卫生机构。

其次，西藏社会制度实现了历史性跨越，经济建设实现跨越式发展，社会面貌日新月异，而西藏人民当家做主的权利有了制度保障，人民生活水平大幅度提高。1965 年，西藏自治区成立，标志着民族区域自治制度在西藏全面确立，实现了西藏社会制度从政教合一的封建农奴制度向人民民主的社会主义制度的历史性跨越，昔日的农奴和奴隶从此享有了平等参与管理国家事务和自主管理本地区、本民族事务的政治权利。

西藏和平解放以来，特别是民主改革以来，中央政府为促进西藏经济社会发展，对西藏实施了一系列优惠政策，在财力、物力、人力等方面给予强有力的支持。据统计，仅在基础设施建设方面，1951～2008 年，国家就累计投入资金 1000 多亿元。1959～2008 年，中央财政向西藏的财政转移支付累计达到 2019 多亿元，年均增长近 12%。在中央的关怀和全国的支持下，西藏经济社会发展突飞猛进。据统计，1959～2008 年，西藏生产总值由 1.74 亿元增长到 395.91 亿元，按可比价格计算，增长 65 倍，年均增长 8.9%。1959～2008 年，西藏人均生产总值由 142 元提高到 13861 元，增加 13719 元。旧西藏的农牧业基本靠天吃饭、靠天养畜，如今农牧业现代化程度大幅度提高，防灾抗灾能力显著增强，科技贡献率达到 36%。粮食产量由 1959 年的 18.29 万吨增加到 2008 年的 95 万吨；粮食平均亩产由 1959 年的 91 公斤提高到 2008 年的近 370 公斤；年末牲畜存栏总数由 1959 年的 956 万头（只）增加到 2008 年的 2400 余万头（只）。

西藏和平解放前，西藏农牧民没有生产资料，几乎终身负债，根本谈不上纯收入，2008 年，西藏农牧民人均纯收入达到 3176 元，1978 年以来年均增长 10.1%。1959 年前，西藏 90% 以上的人没有自己的住房，农牧民居住条件极差。如今西藏人民的居住条件得到了巨大改善，通过推进新农村建设、实施安居工程，已有 20 万户百余万农牧民住进了安全适用的新房。2008 年，农村居民人均居住面积达到 22.83 平方米。目前，从城市到农村都已初步建立起社会保障体系，2006 年西藏人均收入低于 800 元的农牧民全部纳入最低生活保障，在全国率先建立了农牧区最低生活保障制度。而且，西藏和平解放后特别是民主改革后，中央人民政府采取各种措施改善西藏农牧区的医疗卫生条件，20 世纪 60 年代开始，西藏消灭了天花，各类传染病、地方病发病率大幅度下降，目前西藏在全国率先实现了城镇居民医疗保险全覆盖，并逐步建立了以免费医疗为基础的农牧区医疗制度，农牧民免费医疗补助人均达到 140 元。随着医疗卫生条件的改善，西藏的人均预期寿命由和平解放时的 35.5 岁增加到 67 岁。据 2000 年第五次全国人口普查，西藏有 80～99 岁的老人 13581 人、百岁以上的老人 62 人，是中国人均百岁老人最多的省区之一。

二　"百村调查"西藏 13 个村（镇）调查点的选择与基本情况

"百村调查"专家组为西藏共分配了 13 个村（镇）的调查任务。具体选择要求具有代表性，能够充分反映西藏农村当代发展的基本面貌。由于地理环境和条件不同，西藏和平解放以来，西藏农村经济社会的发展并不平衡，故在目标村（镇）的选择上，不同发展程度村（镇）的均匀分布是我们所主要考虑的。其他还关注了村（镇）的区位、经济、社会、文化、民族特征等。

"百村调查"在西藏的调研工作在"新疆项目"领导小组和专家委员会指导下，由"百村调查"专家委员会组织实施，在基本统一的调查大纲和问卷的框架下，注意发挥和体现西藏雪域高原的优势与特色。西藏地区的调研以 13 个村（镇）的调查为主，分别在西藏的边境、农区、牧区、城郊、青藏铁路沿线的 13 个村（镇）同时开展，主要包活:(1)堆龙德庆县的柳梧新村;(2)扎囊县的德吉新村;(3)贡嘎县的杰德秀居委会; (4)那曲县门地办事处22村;(5)拉萨市纳金乡城郊村; (6)拉萨市城关区蔡公堂村;(7)那曲县的罗玛镇14村; (8)贡觉县的岗托村;(9)定结县日屋镇德吉村; (10)错那县的勒布村; (11)日喀则市的8~9村;(12)当雄县的当曲卡村; (13)曲水县达嘎乡其奴村。

三 "百村调查"西藏项目组的人员组成与调研简况及预期目标

"百村调查"西藏项目组共由18位成员组成,倪邦贵研究员、孙宏年博士分别为第一、第二主持人,18名项目组成员中有7人各自承担1个村、6人分2组分别承担2个村、3人1组承担1个村、2人4组承担4个村,分别展开调查。西藏项目主持人强调所有承担人必须深入村(镇)15~20天,认真调查,掌握真实情况,形成基本感受和准确认识,之后再以写实的笔法完成文本撰写。由于项目组成员科研能力强弱不一,大部分人缺乏研究经验,为了保证质量,使每个人都能基本上完成任务,项目组为他们制定了共同的入户调查问卷、调研提纲和写作提纲。在具体使用过程中,要求他们从入户调查入手,以调研提纲保障全面,没有大的遗漏,再以写作提纲保证叙事结构规范合理。每位作者在文本写作过程中,除基本遵守写作提纲外,还可以突出所调查村庄的特点,对写作大纲进行个性化灵活处理。除此之外,经常召开项目组会议,相互交流研究经验心得,学习各自长处,既有分工,又有合作,充分发挥项目组集体力量,以及每个人的聪明才智,整个工作进展基本做到规范有序、有条不紊。

"百村调查"西藏项目组的准备工作从 2006 年底着手进行，到 2007 年 5 月底基本完成，利用近半年的时间，西藏项目组总负责人倪邦贵研究员与项目组全体成员采用电话联系、个别交流与当面沟通等多种方式进行了调研前的培训与交流。2007 年 3～12 月，西藏 13 个村（镇）的调研工作基本全面展开，其间由于各种原因，还进行了个别人员调整。在此期间及之前，中国边疆史地研究中心在北京、银川、南宁和北戴河召开了多次协调会，通报了各地的研究进展和经验，统一了各地的进度，规范了研究进程。到 2009 年 12 月底，历时近 3 年时间［指村（镇）调研和文本撰写］，西藏 13 个村（镇）的调研和文本写作基本完成，并且都进行了多次修改。经 2009 年 4 月北戴河会议审订，第一批 4 个村（镇）的成果先期于 8 月中旬正式交由社会科学文献出版社编辑出版。

四　"百村调查"西藏项目组的研究方法与最终目标

"百村调查"西藏项目组以西藏的基层社会与经济发展现状的社会调研为基本方法，强调学术调查与现实政治相结合，以民族学、社会学入村入户的调研方法为主，同时关注现实政治、社会与经济发展中的热点、难点问题；强调一般共性调查与专题访问调查相结合，在一般共性调查的基础上，选择好专访或专题调研的切入点；强调总结经验与完善不足相结合，在总结各项工作经验的同时，善于发现问题和提出解决问题的对策和建议。在调查选点方面，遵循选择西藏社会稳定与经济发展中具有典型意义的村（镇）（以行政村为主）的原则。在一般性问卷和统计资料收集的基础上，注重对基层干部、群众典型人物、教师、宗教人士等特定人员的专题访谈，倾听和收集他们对基层社会稳定与经济发展的看法、意见和建议，形成能说明问题的专访或专题调研报告。

"百村调查"西藏项目组以西藏的基层社会与经济发展为切入点，主要目的在于摸清西藏基层社会与经济发展的一般情况，包括西藏基层政权建设、西藏和谐社会构建、西藏的民族关系与民族团结、西藏的宗教信仰与宗教事务管理、西藏居民的国家意识与民族宗教观、西藏的"三老"人员情况、西藏的基层经济发展现状、西藏的基层文化教育现状、西藏的基层人才队伍状况、西藏的基层社会治安等方面。

根据"百村调查"项目的总体设计，西藏项目组确定的目标是：总结西藏地区基层社会与经济发展的经验，同时发现、弥补其不足，并为之提供有效的对策建议。在此基础上，"百村调查"在西藏的调研在以下几个方面有所突破：第一，通过典型调研，认真总结西藏基层社会与经济发展迄今为止所取得的重要成绩，总结其有益的经验；第二，在调查中关注发展中存在的问题与困难，并针对这些问题和困难，提出具有可操作性的对策建议；第三，根据西藏现有发展状况及其所具有的发展条件和机会，预测其发展前景。

作为"百村调查"西藏13村（镇）项目组负责人，我们深深地知道，这是一项非常有意义的研究，值得认真去做。历史将证明，今天我们为西藏这13个村（镇）留下的每一行文字、每一份表格、每一张照片，作为它们真实情况的反映，都将是有价值的历史记录。当然，我们也同样深知，由于作者众多，水平不一，成果的质量因而参差不齐，甚至可能出现各种错讹。在此，作为丛书西藏卷主编，我们代表相关的作者表示歉意，并恳请广大读者和专家批评指正。

谨以此书向西藏和平解放 60 周年献礼！

倪邦贵　孙宏年

2009 年 8 月 16 日

第一章　概况与村史

第一节　概况

一　所在县、镇概况

（一）贡嘎县概况

　　杰德秀居委会位于山南地区贡嘎县境内，贡嘎藏语意为"寨后白山，山顶白色"。吐蕃时期，由约茹管辖；公元13世纪，由蔡马万户管辖；公元14世纪中叶，元顺帝授权西藏帕莫竹马政权接管西藏地方事务，大司徒绛曲坚赞执政后，在此设立贡嘎宗，后为西藏噶厦政府管辖，贡嘎宗归属洛喀（山南）基巧。1959年5月将贡嘎宗和杰德秀堆合并，正式成立贡嘎县，隶属山南地区（专区）管辖至今，1960年县政府由贡嘎学村迁至热麦村，县政府现驻吉雄。杰德秀居委会隶属于贡嘎县杰德秀镇。

　　从地理位置看，贡嘎县地处青藏高原南部、雅鲁藏布江中游河谷地带，东接扎囊县，西邻曲水县，北倚拉萨城关区、达孜县、堆龙德庆县，南隔羊卓雍湖与浪卡子县相望。东西长73公里，南北宽61公里，总面积2280平方公里，宜农开发面积为76771.1亩。地势南北高，中间向雅鲁藏布江倾斜，地势平坦、宽阔。平均海拔 3564 米，最高海拔达 5438 米，相对高差 1890 米。该县交通便利，信息灵通，全区唯一的军民两用航空港就位于该县甲竹林镇，距县城 8.6 公里，素有西藏"窗口"、"门户"之称，101 省道横贯 5 个镇，扼水、陆、空交通要津，是沟通自治区首府拉萨和山南地区驻地泽当镇的咽喉要塞。

境内高山纵横起伏，连绵不断，地势西高东低，属高原带干旱季风气候区。日照时间长，气温日差较大，年差较小，冬春季寒冷多风，雨季降水集中，形成长冬无夏、春秋相连的气候特点。年降水量为 356.6 毫米，且多集中在 6~9 月，年日照时数为 3194 小时，年无霜期 142 天，风灾最为频繁，年均大风日 40 天，集中在 2~4 月。

境内自然资源丰富，有各种野生动物 20 余种，其中草獐、丹顶鹤为国家级保护动物，野生植物 200 余种。森林覆盖率达 6% 左右，经济林木有苹果树、核桃树、梨树等。矿产主要有磁石、铜、汉白玉、大理石、花岗岩。雅鲁藏布江流经境内，水、风资源较丰富。野生动物资源主要有藏鸡、獐子、天鹅、野牦牛、野驴、藏原羚、红脚鹬、斑头雁、赤麻鸭、贝母鸡、灰鹤、黑颈鹤等。名贵中药材有沙棘、爬地柏、银白杨、人参果、雪莲花、虫草、贝母、麝香等①。

全县共辖 5 镇 3 乡，共 43 个行政村，168 个村民小组，各乡镇位置分布如图 1-1 所示。

根据第五次人口普查数据，全县总人口 44624 人，共 8720 户，农业人口 43036 人。其中：吉雄镇 4931 人、岗堆

---

① 资料来源：http://baike.baidu.com/view/186584.htm。

镇 6670 人、甲竹林镇 7879 人、江塘镇 4705 人、杰德秀镇
7752 人、朗杰学乡 6070 人、昌果乡 2809 人、东拉乡 3808
人（见表 1-1）。

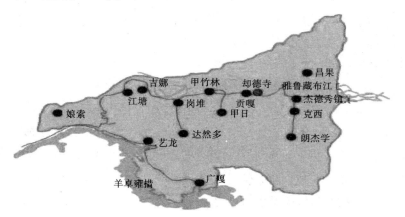

图 1-1 贡嘎县行政区划

表 1-1 贡嘎县所辖镇、乡情况

单位：人

	名　　称	人　　口
所辖镇	吉 雄 镇	4931
	岗 堆 镇	6670
	甲 竹 林 镇	7879
	江 塘 镇	4705
	杰 德 秀 镇	7752
所辖乡	朗 杰 学 乡	6070
	昌 果 乡	2809
	东 拉 乡	3808

资料来源：贡嘎县统计局。

贡嘎县手工毛纺工艺历史悠久，杰德秀围裙更是享誉
中外，盛名远扬。名特产品有杰德秀围裙、氆氇、柳条筐、

酿酒坛、酥油壶、火罐、水坛、花盆等。境内寺庙资源丰富，如：曲水大桥南岸的曲果日山是西藏佛教四大神山之一，有"西藏幸福源泉"之说；多吉扎寺，位于江北昌果乡，建于1718年，是宁玛派（即红教）的重要寺庙；热麦寺，是较大的黄教寺庙，因交通便利，前来朝拜的信教徒和国内外的旅游者络绎不绝。

从经济发展看，贡嘎县是山南地区的农业大县，为西藏商品粮基地县之一。主要农作物有青稞、冬小麦、春小麦、豌豆、蚕豆、油菜、萝卜、马铃薯、圆白菜、西红柿、花菜等。畜牧业主要养殖牦牛、犏牛、黄牛、改良牛、山羊、绵羊、马、驴、骡、猪等。

我们从贡嘎县农牧局了解到，2006年贡嘎县按照"提高单产，稳定总产，加大油菜，饲草种植"的思路，共落实种植面积7.6万亩。其中粮食播种面积5.3万亩，占总播种面积的70%；油料播种面积1.3万亩，占总播种面积的17%；蔬菜播种面积0.5万亩，占总播种面积的6.5%；青饲料播种面积0.5万亩，占总播种面积的6.5%。建立高产稳产田1.2万亩，良种覆盖率达到90%。化肥使用量358.89吨，其中尿素321.2吨，二胺37.69吨。粮食预计产量5922.5万斤，与2005年基本持平；油菜子预计产量236.54万斤，比2004年减少50.46万斤，下降17%。

畜牧业方面，2006年，全县成畜存栏总数为232110头（只、匹），共接生各类幼畜89508头（只），成活82347头（只），成活率为91%。其中山羊、绵羊6174头（只），成活5680只，成活率为92%；成畜死亡4432头（只），死亡率为1.9%。全年肉类总产量2024.78吨，奶类总产量5410.03吨，毛绒总产量212.7吨，畜皮总产量61874张。

2000～2005 年间，全县年均经济增长率达 17.09%，其中 2000 年 GDP 为 13238.24 万元，2005 年 GDP 达 24553 万元（见表 1-2）。

表 1-2 贡嘎县国内生产总值（GDP）

单位：万元

年 份	国内生产总值
2000	13238.24
2001	13088.25
2002	17024
2003	19091
2004	23432
2005	24553

资料来源：贡嘎县统计局。

（二）杰德秀镇概况[①]

1. 地理位置

杰德秀，系藏语"口齿伶俐"之意。曾名姐得秀、杰得雪等，古为杰德秀堆驻地，是西藏历史上八大名镇之一。1959 年建区，辖 3 个乡，1987 年建杰德秀乡，1999 年改称杰德秀镇。

杰德秀镇位于贡嘎县境东部，东接扎朗县，西邻吉雄镇，北隔雅鲁藏布江与昌果乡相望，南倚朗杰学乡。海拔 3580 米，面积约 210 平方公里，交通便利，101 省道从南贯穿而过。

杰德秀镇下辖杰德秀、斯麦 2 个居委会以及修吾、克

---

① 根据 http：//baike. baidu. com/view/1101112. htm，以及杰德秀镇政府调研资料整理。

西、果吉 3 个村委会，有 28 个自然村，镇政府驻地杰德秀居委会，人口近 8000 人，均为藏族。下辖 1 座合作医疗站，2 所中心校，6 个教学点，3 座寺庙——顿布曲果寺、苏若林寺和曲布尼姑寺，1 座拉康——帕当巴拉康，其中顿布曲果寺为县级文物保护单位。

2. 资源概况

杰德秀素有"围裙之乡"的美誉，商品贸易历史悠久，民族手工业已成为全镇农牧民增收的重要产业。著名的康鲁商业街是全镇经济中心，也是商品贸易的主要集中地，全镇从事交通运输、粮油加工、机械修理等各种服务业的人家有 100 余户。

该镇不仅是典型的民族手工业镇，而且是贡嘎县粮食主产区之一。耕地面积 12724 余亩，主要种植青稞、小麦、土豆和油菜等。

养殖业方面，主要饲养鸭、藏鸡、牦牛、黄牛、山羊和绵羊等。据杰德秀镇统计数据显示，2006 年，杰德秀居委会和斯麦居委会共发展养鸭专业户 34 户，共养殖 4.92 万只，出栏 2.82 万只，成鸭出栏率达 84.6%。在果吉、修吾、克西三个村共有 11 户养鸡专业户，共养殖肉鸡 1.25 万只，出栏率达 80% 以上。

此外，全镇还有 133.4 公顷湿地保护区，这里栖息着黑颈鹤、黄鸭、白鸭、斑头雁等野生保护动物，以及丰富的鱼类资源。

3. 经济背景

我们从杰德秀镇政府了解到，2006 年全镇国民经济总产值为 3986.26 万元，与 2005 年同期相比增长了 18%；人均纯收入达 3156 元，与 2005 年同期相比增长 22%。粮食产量为 1002.89 万斤，与 2005 年同期相比增产 1%；小麦产量为 354.5480 万斤，与 2005 年同期相比增产 13%；油菜产量 12.1060 万斤。牲畜存栏率达 3.1756 万头（只），与 2005 年同期相比增长 1%。成畜死亡率控制在 2% 以内，幼畜成活率达到 38%，年出栏率达 34%。

2000~2005 年 6 年间经济呈现不断上升的趋势（见图 1-2）。2000 年全镇 GDP 为 1925.5 万元，2005 年达到 3390.18 万元，比 2000 年多 1464.68 万元，年均增长 15.2%。这说明杰德秀镇经济发展态势良好，经济总量日益增加，为当地农牧民生活水平的改善创造了条件。

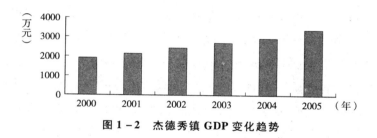

图 1-2 杰德秀镇 GDP 变化趋势

经济发展呈现上升趋势的一个直接表现是杰德秀镇农牧民人均纯收入的不断提高（见图 1-3）。1995~2005 年间，农牧民人均纯收入从 1095.76 元上升到 2599.34 元。值得注意的是，1998 年杰德秀镇农牧民人均纯收入有所下降，仅为 1099.45 元。究其原因，主要是由于 1998 年暴发洪水灾害，大量庄稼被洪水淹没，使得该年的农业收成锐减。可幸的是，1999 年人均纯收入又有了大幅上升，比 1998 年高出 300 多元，此后人均收入基本呈现稳定增长的态势。

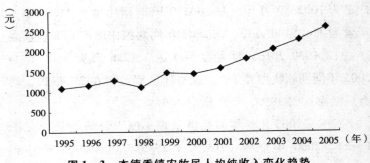

图 1 - 3 杰德秀镇农牧民人均纯收入变化趋势

与贡嘎县其他乡镇的 GDP 相比较（见图 1 - 4），2005
年前杰德秀镇 GDP 始终居于首位，2005 年位居第二，这主
要得益于甲竹林镇 GDP 的快速上升。2005 年杰德秀镇 GDP
为 3390.18 万元，甲竹林镇 GDP 为 3597.29 万元，比杰德
秀镇高出约 6 个百分点，绝对数高 207.11 万元。值得注意
的是，各乡镇 GDP 的变化趋势呈现出高度的一致性，即都
处于不断上升的态势，其中昌果乡的 GDP 始终处于较低的
水平，而杰德秀镇的 GDP 在各乡镇中基本处于领先地位。

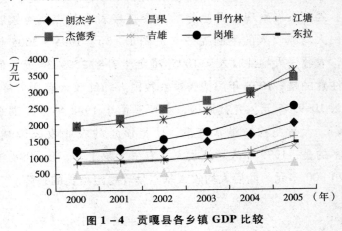

图 1 - 4 贡嘎县各乡镇 GDP 比较

与 GDP 发展状况相对应，杰德秀镇的人均纯收入在全县范围内一直处于较高水平（见表 1 – 3）。1999～2005 年 7 年间，有 3 年人均纯收入位居全县第一，分别是 1999 年、2002 年和 2003 年。其中 2002 年人均纯收入为 1825.67 元，比位居第二位的甲竹林镇高 6 个百分点；2005 年，杰德秀镇的人均纯收入为 2599.34 元，位居第二，低于甲竹林镇人均纯收入 259.51 元。总体而言，较之其他乡镇，杰德秀镇的经济发展水平和人均收入状况处于较好的发展态势。

表 1 – 3　1999～2005 年贡嘎县乡镇人均纯收入

单位：元

乡镇名称 ＼ 年份	1999	2000	2001	2002	2003	2004	2005
吉　雄　镇	1408.14	1644.91	1674.58	1644.3	1844.44	2104.41	2598.94
杰德秀镇	1466	1445.75	1591.3	1825.67	2055.64	2289.29	2599.34
岗　堆　镇	1305.63	1081.31	1123.22	1337.24	1566.95	1870.37	2185.88
甲竹林镇	1421.34	1587.92	1635.69	1722.93	2011.02	2411.27	2858.85
江　塘　镇	1384	1046.71	1081.53	1166.67	1335.44	1584.47	1791.26
昌　果　乡	1452	1030.45	1066	1098.60	1320.17	1649.05	1871.24
东　拉　乡	1364.71	1297.64	1319.56	1390.42	1415.13	1569.7	2120.06
朗杰学乡	1264.07	1128.39	1179.56	1190	1402.93	1607.61	2147

资料来源：贡嘎县统计局。

4. 气候条件①

因地处青藏高原的藏南谷地，受地势、太阳辐射、地理条件和大气、环境等诸多因素影响，杰德秀纬度地带性

---

① 资料来源：http：//www.mipang.com/places/4872/about；http：//www.97sc.com/tibet/shannan/20_ 32_ 17_ 74.shtml。

气候不太明显，形成了独特的温带半干旱高原气候。

年平均气温为 7.2℃ ~ 8.5℃，最暖月平均气温达 15.8℃，最冷月平均气温 -2.2℃。全年有 10 个月日平均气温在 0℃ 以上（2 ~ 11 月），冷暖变化特点是长冬无夏，春秋相连。≥0℃ 的初冬期为 260 ~ 277 天，积温 2750℃ ~ 3170℃，年日照数 3190 小时。

年降水量为 356.6 毫米，主要集中在 6 ~ 9 月。年日照时数为 3194 小时，年无霜期 142 天。年均大风日 40 天，主要集中在 2 ~ 4 月。

独特的气候条件，使得该区域内的农作物以青稞和小麦为主。

二　村庄四至与交通

（一）村庄四至

杰德秀居委会，位于西藏自治区南部，雅鲁藏布江中游河谷地带，贡嘎县城东侧，北邻雅鲁藏布江，距离贡嘎县城 17 公里，距西藏自治区首府拉萨市 115 公里，距山南地区经济、政治、文化中心挥当 80 公里。

村内地势平坦，101 省道从杰德秀居委会横穿而过，以省道为界，右侧是康鲁商业街，与省道垂直，商业街的两侧是居民住房，临街的房子则作为商铺，街道两旁分布有服装店、肉店、馒头店、面粉店、修理铺、餐馆、茶馆等。

沿 101 省道右侧分布有 1 所邮局、1 座农村合作医疗点、2 家茶馆、2 家商店，同时它们都紧挨康鲁商业街。杰德秀中心小学坐落在康鲁商业街以东约 800 米处，101 省道右侧。

村庄以北是顿布曲果寺，距离 101 省道约 1 公里。杰德秀镇政府位于 101 省道右侧，距离康鲁商业街约 2 公里，杰德秀镇政府旁边是杰德秀地毯厂。

从杰德秀镇政府沿着 101 省道往康鲁商业街走，我们会看到一片一片的耕地，分布在 101 省道两旁。

安居工程新建房屋主要集中在两处：一处分布在顿布曲果寺上方弃耕地上，命名为瓜江新村，距离杰德秀镇政府约 500 米；另一处则分布在 101 省道左侧，它们的位置显示出杰德秀居委会未来的规划。

杰德秀居委会人口居住较为密集，70% 的人口居住在省道和康鲁商业街周围（见图 1－5）。

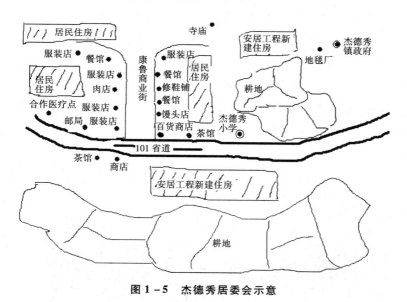

图 1－5　杰德秀居委会示意

（二）交通

从杰德秀居委会目前的布局，我们已经看到人们对交通的重视。村里绝大部分住房都是沿康鲁商业街和101省道分布的。从安居工程新建住房看，人们基本上都选择建在101省道旁或是距离101省道不远的位置。

村内地势平坦，101省道从南贯穿而过，是拉萨至山南地区的交通要道。距离西藏的交通枢纽、空中门户贡嘎县城约17公里，乘坐班车可在半个小时内到达。借助交通之便，当地一部分农牧民干起了个体运输。调研期间，我们每天都会见到在101省道左侧停有3~4辆从事个体运输业的面包车。我们了解到，如果坐一位个体司机的车到贡嘎县城需要20元，如果直接坐山南地区到拉萨的班车，则只需要3.5元。交通的便利不仅方便了当地农牧民的生活，而且也解决了部分农牧民的就业问题，增加了他们的收入。

101省道的交通优势把杰德秀居委会与西藏其他城镇联结起来，方便了农牧民与外界的接触（见图1-6）。而内部农牧民之间主要靠乡村公路联系，但我们了解到，目前杰

图1-6　101省道（2007年3月19日　郑洲摄）

德秀居委会乡村公路的路况较差。

三 行政村组成

（一）村组和人口

杰德秀居委会下辖 9 个村民小组，现有农牧民 575 户，共 2242 人，其中妇女 1190 人。党员 40 人，其中男 35 人，女 5 人。团员 29 人①。

上述人口统计不包括在村内做生意的外地人。目前，在康鲁商业街做生意的外来人口共 3 家，其职业和籍贯如表 1-4 所示。

表 1-4 外来经商人员统计

单位：家

店铺类型	数量	籍贯
餐　　馆	2	四川
修 理 铺	1	湖北

资料来源：课题组整理。

值得研究的一个事实是，外来人口都不从事农业，而是从事服务业，虽然并非所有特殊的行业都是外来人口干的，但是他们在方便当地农牧民生活中发挥了重要的作用。

（二）外来经商人员专访

在杰德秀康鲁商业街，有几位经商的外地人，我们对其中一位进行了专访。

我们访问的对象名为王建国，男，四川雅安人，小学

___
① 资料来源于杰德秀镇政府。

13

四年级文化程度。现在杰德秀康鲁商业街开有一家餐馆，餐馆位于康鲁商业街入口处 100 米，主要经营四川中餐、藏面等。据介绍，他是 2000 年来西藏打工的，曾蹬过三轮车，蹬三轮车时一天可以挣到 70～80 元，后来开出租车，大约一天挣 150 元左右。由于租车要交押金，所以在 2002 年便转向餐饮行业，工资一个月 1300 元左右，生意好的时候工资还高一些，做了 1 年多后，于 2003 年到杰德秀镇开餐馆。

王建国说，杰德秀居委会交通很方便，以前还有山西人、陕西人和河南人在康鲁商业街做过生意，后来因为家里的原因，有些人回去了。这家餐馆是由另外一个四川人转让出来的，转让费 7500 元，餐馆月租 250 元，一个月工商费 60 元左右，电费一个月 70～80 元。节假日生意好，平时生意一般，每个月的利润大概在 2000 元以上。2004 年他又从一位河南人手中接管了一家餐馆，由他妻子经营。

当问及在杰德秀居委会做生意的困难时，他说：一是语言的问题，很多店里吃饭的是藏族人，这些人都讲藏语，开始的时候听不懂，现在慢慢习惯了；二是房租的问题，除了 2 个餐馆的房租外，他们一家人住的地方还需要缴房租，每个月缴的房租比较多；三是水的问题，刚来的时候水资源丰富，现在缺水问题很严重。另外，康鲁商业街垃圾处理不好，灰尘很大，对身体影响很大，一刮风，餐馆就得关门，否则店铺里桌椅上全是灰尘。

当地政府不仅不排斥外地人来做生意，还会鼓励，同时给予一定的优惠，比如，营业税免缴等。遇到问题找镇政府，一般都会得到解决。

当问及西藏农村与内地农村的差异时，他说，第一，在农业发展方面，技术上有差别，杰德秀居委会很多农户都是采用机械化耕种，而内地农村大多还是人力耕种；第二，在信息方面，觉得这里比较闭塞，康鲁商业街没有卖报纸的，电视接收的频道也不多；第三，在饮食上差异很大，当地农牧民吃蔬菜较少；第四，当地农牧民过藏历新年，一般不过春节；第五，西藏农村义务教育和农村合作医疗等优惠政策大大高于内地。同时，他认为，国家对西藏实行特殊政策是应该的。

（三）民族构成

除了在本地经商和务工的汉族人，以及娶到藏族姑娘后定居的汉族人外，杰德秀居委会其余人口全是藏族人。该村现有藏族居民2242人，在本地经商、务工以及定居下来的汉族居民有6人（见表1-5）。

表1-5　杰德秀民族构成情况

单位：人

民　　族	人　　数
藏　族	2242
汉　族	6

资料来源：课题组整理。

值得说明的是，杰德秀居委会有一户"甲康"。所谓"甲康"，藏语中是汉房的意思，即汉人落户的地方。

该户居住在101省道右侧，户主曾是上届杰德秀居委会村支部书记，现年63岁，是云南马帮第四代传人。他妻子的父亲是汉族，有3个妹妹住在附近。现有子女10人，4男6女。大儿子在拉萨市气象局工作；大女儿开茶馆；二儿子在家务农，住在附近；二女儿在康鲁商业街做生意；三儿子中专毕业后在家，有时候出去打工；三女儿当了尼姑；四女儿残疾了，原因是做错了手术；四儿子在拉萨宾馆打工；五女儿在小学教书；六女儿在做服装生意，丈夫在县政法委任职。现在他和6个子女一起生活。

他告诉我们："目前家有土地 16.8 亩，1981 年承包，第一次承包后就没有变，主要种植青稞、小麦和土豆。受 1998 年洪水影响，现在收成没有以前好。青稞每亩产 500 斤左右，秋收成果主要靠雨水来定，家里不做邦典和氆氇，也没有养牛、羊，家庭收入主要是打工收入、工资收入和商店租金。有 7 间商店，租给别人做生意，租金 1200/月。"

（四）与其他村庄的比较

与杰德秀镇其他村（居）委会相比，杰德秀居委会区位优势和经济优势更加突出。

首先，从区位上看，101 省道从南贯穿而过。杰德秀居委会 70% 的人口居住在省道和康鲁商业街周围。从其他居委会情况看，其距离 101 省道都有一定的距离，他们要到贡嘎或者山南地区，必须先到杰德秀居委会乘车，有些居委会地处山沟里，来回杰德秀居委会一趟需几个小时，加之乡村公路质量不好，下雨天所需时间更长。

其次，从经济上看，由于交通便利，加之所辖的康鲁商业街是全镇的经济、商贸中心，杰德秀居委会农牧民的收入来源较之其他居委会更广，如个体运输收入、康鲁商业街的经商收入、房屋出租收入、农村流通经纪人收入等。这使得杰德秀居委会农牧民人均年收入比其他居委会高。从 2006 年的情况看，杰德秀居委会农牧民年人均收入为

3000 元，其他村的农牧民年人均收入均小于 2550 元（见表 1 - 6）。

表 1 - 6　杰德秀居委会与其他村（居）委会比较

杰德秀居委会	杰德秀居委会地处贡嘎县以东 17 公里处，下辖 9 个自然村，一座寺庙，一所中心校，一所教学点，一所民营企业。共有 575 户，2242 人，其中妇女 1190 人，党员 40 人，团员 29 人。牲畜 8970 头，耕地面积 4602 亩，退耕还林面积 1098 亩，林地面积 800 亩，以农业为主，年人均收入 3000 元
果吉村	果吉村地处杰德秀镇西南，离镇 3 公里处，下辖 6 个自然村，共有 345 户，1860 人，其中妇女 950 人，党员 34 人，团员 22 人。牲畜 7570 头，耕地面积 2999 亩，林地面积 700 亩，以农业为主，年人均收入 1940 元
克西村	克西村离杰德秀居委会 9 公里，下辖 6 个自然村，一座寺庙（僧人 8 个），一所中心校。共有 262 户，1613 人，其中妇女 770 人，党员 38 人，团员 10 人。牲畜 4535 头，耕地面积 3057 亩，林地面积 700 亩，以农业为主，年人均收入 2527.64 元
斯麦居委会	斯麦居委会下辖 2 个村民小组，共有 147 户，642 人，其中妇女 44 人，党员 17 人，团员 8 人。牲畜 225 头，耕地面积 1081 亩，实耕面积 657 亩，退耕还林面积 242 亩，林地面积 700 亩。下辖一座寺庙，以农业为主（因 1998 年洪涝灾害，导致粮食产量急剧下降），年人均收入 1715 元
修吾村	修吾村位于杰德秀镇西南上方 7 公里处，下辖 5 个村民小组，教学点 2 个，寺庙 1 座（僧尼 4 人）。全村耕地总面积 2524 亩，林地面积 600 亩，共有 242 户，1587 人，其中妇女 850 人，党员 46 人。牲畜 8724 头，全村经济总产值 22100240 元，其中养殖业 964500 元、外出务工收入 788586 元；人均收入 2498 元

资料来源：杰德秀镇政府。

四 集市、商业布点

（一）集市

1. 康鲁商业街是当地农牧民的交易中心

我们虽然研究的是单个村庄的状况，但是由于村庄内部不能完全自给自足，它必然要与村外甚至更远的范围发生交换关系。

我们可以把杰德秀居委会农牧民的交易分成内部和外部两种。内部交易是在村庄社区范围内交换货物和服务；外部交易则是村和外界进行的交换。二者是互相联系、互相补充的。

内部交易市场是同这个村庄内部的职业分化密切相关的，由于杰德秀居委会80%以上的人都从事农业、邦典、氆氇以及养殖工作，这些产品他们一般不在本村内出售，而是和村外地区进行交换。而本村内的交换主要限于提供的专业化生产和服务，如修理、茶馆、餐饮等，但这仅限于少数。

职业分化程度小，使得本村内部市场相对狭窄。因此，农牧民消费的物品主要是与村外进行交易。那么，与村外交换的货物他们如何获得呢？农牧民除了直接到外地市场购买并带回村以外，他们还可以在当地康鲁商业街的零售商店买到相关的产品（见图1-7）。

于是，康鲁商业街便成了杰德秀农牧民商品买卖和交易的中心。康鲁商业街位于101省道右侧，街面不大，但是涉及农牧民基本生活需要的大部分物品，我们都能在康鲁商业街上找到（见图1-8）。一位农牧民向我们描述了康鲁

图 1-7 康鲁商业街街道（2007 年 3 月 19 日 郑洲摄）

商业街零售商店的功能："我们家来客人时，便去商店买些东西，非常方便。"

2. 集市交易主要品种及主体

康鲁商业街主要出售与农牧民基本生活相关的产品，如服装、肉、蔬菜、馒头、面粉、烟、酒、糖果等。由于杰德秀盛产邦典，因此在每家服装店甚至一部分杂货商店里，我们都能见到有邦典出售。

此外，商业街上还有一些修理、餐饮、茶馆的服务，而与农牧民基本生产需要相关的农药、化肥、种子等产品的出售较少。我们了解到，农牧民生产用的种子基本都是和其他人交换得来的，农药和化肥主要由政府提供。

图 1-8 康鲁商业街上的连锁便民超市
（2007 年 3 月 20 日 郑洲摄）

在内地，大部分农村人的"贸易"是在集市上完成的，集市在有的地方也叫墟，因此有些地方赶集也叫赶墟。农村的集市是定期的，通常5天一次，也有3天一次、2天一次的。地点也是固定的，集市一般设在镇上，不逢集的时候，街上较为冷清；逢集时，则人群川流不息，十分热闹。但我们发现，和内地集市不同，康鲁商业街的商品及服务交换，没有具体的日期规定，即没有逢集和不逢集的区别，每天来康鲁商业街的人流也不多。

康鲁商业街的服装（见图1－9）、馒头、面粉、餐饮、茶馆等服务都有各自固定的营业店铺；修理、蔬菜、肉类的买卖基本都在街边进行，没有店铺，但都有固定的位置。

图1－9　康鲁商业街上的服装店
（2007年3月20日　郑洲摄）

走在康鲁商业街上，我们可以看到2家四川人开的餐馆和1家湖北人开的修理铺。除了上述2家餐馆和1家修理铺外，其他商店都是本地农牧民开的，商业街上交易的主体也主要是本地农牧民。

（二）商业布点

表1-7说明了康鲁商业街店铺的种类和数量：杰德秀居委会现有茶馆14家，百货商店25家，服装店22家，卖肉店1家，馒头店6家，餐饮店3家，修理铺3家，面粉加工店1家。和其他村相比，其商业发展处于领先地位，不仅种类多于其他村（居）委会，而且数量也占有明显的优势。来自杰德秀镇的资料显示，郎杰学乡只有3家茶馆、1家百货商店；斯麦居委会有2家茶馆、3家百货商店；修吾村有1家茶馆；克西有1家百货商店和1家服装店。

表1-7 杰德秀镇营业场所统计

单位：家

项目 各村	茶馆	百货 商店	服装店	卖肉店	馒头店	餐饮店	修理铺	面粉 加工店	总计
杰德秀居委会	14	25	22	1	6	3	3	1	75
朗杰学乡	3	1	0	0	0	0	0	0	4
斯麦居委会	2	3	0	0	0	0	0	0	5
修吾村	1	0	0	0	0	0	0	0	1
克西村	0	1	1	0	0	0	0	0	2

资料来源：课题组调查整理。

通过和店主的访谈得知，不同的店铺，每天的营业额差别较大。一位经营餐馆的四川老板告诉我们，生意好的时候一天的营业额有1500元左右。而一家百货商店的老板则说，有时候一天只能卖到20多元钱。

肉是当地农牧民的重要食物，杰德秀居委会商业街有一个固定的肉店，主要出售牛肉、猪肉和羊肉。询问得知，一般牛肉一斤13元左右，羊肉一斤6元左右，猪肉一斤12

元左右。康鲁商业街没有专门的蔬菜店，卖菜的农牧民一般把菜摆在街边上出售，蔬菜种类不多，主要是青菜、萝卜和卷心菜等，蔬菜价格较贵，大部分蔬菜都在 2 元/斤左右。

值得注意的是，康鲁商业街除了满足杰德秀居委会农牧民的交易需求外，其交易范围已辐射到其他村庄甚至更远的地方。店主告诉我们，邦典和氆氇一般是出售给外村农牧民以及来西藏的游客，百货商店的商品主要是卖给本地农牧民的，餐馆主要是本镇的干部以及来康鲁商业街买卖商品的外村人光顾。

由于交通便利，当地农牧民的交易范围已拓展到了较远的范围。当村里商店不能满足农牧民的全部需求时，他们便到贡嘎县城甚至拉萨买回他们所需的商品。

由于这些商店都坐落在一个固定的地方以吸引顾客到店里来，这就产生了一群专门从事商业的人，即零售商店老板。他们出售的东西不是自己生产的，而是先从贡嘎或拉萨进货，再将其在店里出售。一家店主告诉我们，西藏有不同于内地的优惠政策，商店一般免征营业税，对此他们比较满意，商业街的店铺资金也比较便宜，一般 1 间房200 元左右。

农牧民告诉我们，村里的店铺不能满足他们全部生产生活的需要，对于村里商店买不到的商品，他们便会到县城或者叫商人进货的时候带回来。

第二节　村史

一　沿革

杰德秀居委会现有一所中心校、一座寺庙（顿布曲果寺）、一所教学点、一座农村医疗卫生站。耕地面积 4602 亩，人均耕地面积 2.05 亩，退耕还林面积 1098 亩，林地面积 800 亩。牲畜 8970 头（只、匹）[1]。

二　传说

杰德秀居委会民族手工业历史悠久，素有"围裙、氆氇之乡"的美誉。走进杰德秀居委会农户家里，几乎每家都有一台甚至多台编织围裙和氆氇的机子。镇政府人大副主席罗布仁青说："杰德秀家家户户，除了种地以外，所有的农闲和业余时间都用来织邦典[2]，邦典是杰德秀的特产，也是杰德秀的绝活儿。"

康鲁商业街的商店老板给我们拿出了不同样式的邦典，不仅工艺非常精细，而且颜色鲜明透亮。老板介绍说："不论经线和纬线都在一百根以上，不管怎么洗，几十年不变色。"从颜色搭配上看，有的蓝白相间，有的黑白相间，有素色条纹的，更有红、黄、蓝、白、青、橙、紫七种颜色的组合。价格在 60~90 元之间不等，主要是看款式和工艺的差异。

在与一些老人的访谈中，我们了解到一些与围裙有关的传说。

---

[1]　资料来源于杰德秀镇政府。
[2]　当地围裙也称为邦典。

（一）邦典与文成公主的故事

在杰德秀流传着有关邦典与文成公主的故事。传说在公元641年，文成公主来到西藏的时候，把许多染料带到了高原，丰富了邦典的色彩，这才有了今天色彩斑斓的邦典。

据当地一些老人介绍，过去杰德秀的邦典都要靠自己染色，而邦典染出来的颜色之所以很精美，都是因为位于宗山脚下的泉水和几公里外的拉斯湖。这两个地方的水质都非常好，在当地人的心目中，可以算得上是水质最好的两个地方了。从泉水里取水，染出来的织物颜色会十分均匀和鲜艳。用拉斯湖的水清洗染好以后的邦典，颜色会更持久（见图1－10）。

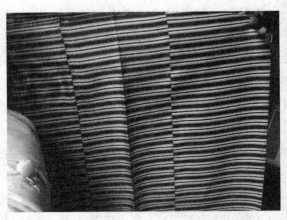

图1－10　邦典（2007年3月20日　郑洲摄）

拉斯湖在藏语里的意思是"神沐浴的湖"，由此可见，拉斯湖的水是很清澈、洁净的。老人告诉我们，水质越好，染色的效果就越好，衡量染色水质好坏的标准是看水里面所含杂质的多少，杂质越少，水质越好。

老人告诉我们，在很久以前，只有历代高僧的织物能在象征圣洁的拉斯湖里清洗。其他织物，包括贵族和地主的，就只能在拉斯湖流下去的溪水中清洗。过去，因为杰德秀镇的水质好，在山沟里和其他地方织好的邦典，全部都要拿到这里来染色。但是在旧社会，这里的邦典除了作为贡品进贡给贵族和地主外，就是当地人留下来自己使用，而现在杰德秀的邦典作为商品已经远销到了世界各地。

（二）雪域高原第一染[①]

在杰德秀，除了邦典以外，农牧民还纺织氆氇。据当地农牧民回忆，过去杰德秀每年都有一件轰轰烈烈的大事，就是给上交布达拉宫的几万公尺氆氇染色。相传300多年前，对杰德秀和周围的朗杰雪、扎朗、贡嘎乃东等地的水质进行了一次检验，每个地方打上一铜锅水，比一比它们的味道、重量和清洁度，最后，一致认为杰德秀的水又轻又软，还带有酸性，最适合漂染氆氇。于是，把漂染氆氇的基地就定在了这里。

杰德秀染行每年藏历九月二十五日开染，十二月结束，整整要辛苦忙碌三个月的时间。估计每年要染达赖喇嘛做衣服的高级氆氇"乌平"2卷，40公尺，这种氆氇是由优质绵羊颈毛织成的。另外要染称为"多毕"的高级氆氇30卷，600公尺，称为"吉色"的高级氆氇主要作为贡品送到北京献给皇帝，同时留下一部分给摄政王等大活佛、大喇嘛做衣料。上述两种氆氇是由羊的胸毛和腹毛织成的。另

---

① 资料来源：http：//www.info.tibet.cn/periodical/xzms/2003/02/t20050331_21065_1.htm。

外还要染称为秦、夏当、卡布、安齐等高级氆氇 1500 卷，大约 3 万公尺。

3 万多公尺氆氇染成后，还要制作带花边的氆氇，例如，达赖舞蹈团穿的服装要有蓝色花纹，达赖骡夫要有黄色格子，这些都是用手一点一点拧成的。然后用牛羊绳捆绑固定。解开染晾干，就成了格子氆氇和花纹氆氇。

氆氇染完，捆包装驮，从杰德秀镇起运到拉萨。起运时，朗杰雪县的县官、漂染行会的总工头、冬布寺代表三人，染匠代表两人，全部穿上节日盛装，神态庄严，骑马上路，特别是达赖喇嘛的专用上等氆氇的美衣，途中由各驿站男性差民背负，妇女是绝对不能触摸的，途经 10 天，运到拉开联圣需，交布达拉宫，由拉加勒空的官员点验，确认数量和质量都无问题之后，他们就算完成任务了，每人得一条哈达，打道回府。漂染期间，染工们还要过三天林卡，在一起唱歌跳舞，饮酒作唱，玩骰子、唱藏戏。政府提供两只羊、少量的酥油，还有一些做酒的粮食，作为他们的劳动奖赏（见表 1 - 8）。

表 1 - 8　围裙和氆氇简介

围裙	羊毛织品，藏语称邦典，编织精密，色彩鲜艳。纹饰有宽纹和细纹两种，宽纹以强烈的对比色彩相配置，具有粗犷明快的风格；细纹以纤细的相关同类色组成娴雅、温和、协调的格调。邦典还可做成服装和鞋帽上的装饰品，用邦典制作的围裙，质地优异，品种亦很多。形式风格、花纹因地域不同而有明显的差异。产品有长、短及梯形之分。藏地邦典主产于山南、日喀则和拉萨等地区，以贡嘎杰德秀所产最为驰名，已有近 600 年历史，其中又以甲噶康巴家所织最佳。贡嘎杰德秀地方家家户户均以织邦典为业，大多为女人捻线，男人上机，所织邦典结实、均匀、细密、绚丽，工艺性极高，而被誉为"邦典之乡"。在国内市场享有盛名，还远销印度、尼泊尔、不丹以及西欧等国家和地区。主要有饮围裙、查琼围裙、曲果围裙以及各种谢玛围裙等种类

续表 1 - 8

氆氇	氆氇，是藏区最常见的一种手工编织而成的毛呢，是制作服装、鞋帽的主要材料。氆氇品种较多：谢玛氆氇，属上等氆氇，选用羊颈下之毛织成，编织技术高超。是贵族的专用服饰衣料，以贡嘎杰德秀和朗杰雪镇所织谢玛氆氇最著名，曾以粗细氆氇作为贡品或供达赖、藏王、高级僧官使用；布珠氆氇，选用羊肩背之毛织成，可染成所需颜色，色泽鲜亮，仅次于谢玛，常用来制作藏袍和裤子；噶厦氆氇，又称"布珠"或"彩毡"，是制作长袍和邦典的原料，常用来制作糌粑袋或衣边饰条；泰尔玛氆氇，又称"梯珠"，是中等氆氇。此品种多为棕黑二色，常用来制作藏袍和僧服；格毡氆氇，是用山羊毛织成的粗毛布，其特点是结实、不透水，常用来缝制口袋、卧具，农牧民亦用来缝制服装；朱祝氆氇，分有长绒和短绒两种。质地较厚重、保暖，制作工艺要求较高，故只有少数贵族和寺院高僧才能享用，常用于制作卧具或"达冈木"（即大斗篷）；漆孜氆氇，是最普通的一种毛织品，一般用于制作农牧民冬装的衣料

资料来源：西藏信息网。

第二章　基层组织

第一节　基层组织概况

一　居民委员会

（一）构成

我们在杰德秀居委会调研期间，刚好是新一届领导班子开始上任的时候。杰德秀居委会新一届领导班子是2007年1月16～19日选举产生的。新一届领导班子组成人员有党支部书记兼主任1名，副书记兼副主任1名，委员2名（其中1名委员为副主任），具体组成如表2-1所示。

表 2-1　居民委员会构成

姓　名	职　务	性别	住　所
达　瓦	党支部书记 居委会主任	男	杰德秀居委会九组
江　白	党支部副书记 居委会副主任	男	杰德秀居委会四组
尼玛扎西	居委会副主任 委　员	男	杰德秀居委会三组
果　果	委　员	女	杰德秀居委会三组

资料来源：课题组整理。

选举产生的新一届领导班子全部是本地藏族农牧民，其中男 3 人，女 1 人。新一届居委会领导班子与上一届相比，年龄普遍年轻化，平均年龄在 40 岁以下。至于为什么要重新选举新的领导班子，我们在调研中了解到，主要是由于居委会会计与出纳分工不明确，村级账目出现了问题，农牧民要求重新换领导班子。

调研发现，大部分农牧民对新一届领导班子的组成人员较为满意。该村一位农牧民说："我们相信这届的领导班子，他们能够做好事情。"

（二）分工

杰德秀居委会办公室位于 101 省道右侧，距离康鲁商业街约 5 分钟路程。办公室比较简陋，有会议室 1 间，活动室 1 间，办公室 2 间。

由于村庄是各户的聚居区，村庄综合各种社会职能，有时承担一些小的单位不能胜任的特殊职能，这一切都由居委会来执行。

通过我们调研得知，杰德秀居委会新一届领导班子产生后，在健全人民调解、治安保卫、计划生育、公共卫生、经济发展等工作委员会的基础上，普遍进行了建章创制工作。制定了三年任期目标，居委会正、副主任、委员及小组长职责，重新修订、完善了村民代表会议制度、村民自治章程、村民公约、村务公开以及居委会工作、学习等各项规章制度。这些制度的建立和完善，规范了居委会建设，保证了居委会工作的正常运转。

就居委会领导班子的分工，达瓦介绍，他主要负责主持居委会全面工作，负责宣传和贯彻党的路线、方针、政策和国家的法律、法令和法规，召集居民委员会的工作等。江白主要负责文字资料处理、协助管理，及时传达贯彻上级部门的指示，研究部署居民委员会的工作，重大事项及时提交村民会议或村民代表会议讨论决定等；尼玛扎西负责召开小组的各种会议和组织各组村民的各项活动，并及时向居民委员会汇报等。果果主要负责计划生育等相关妇女工作。

村干部的待遇由两部分组成，一部分是工资，另一部分是误工补贴。误工补贴按天计算，一天 20 元左右。

二 党、团、妇女组织

（一）党组织

杰德秀镇现有 8 个党支部，26 个党小组。农牧区党员人数总计 165 人，其中男 139 人，女 26 人，20 世纪 70 年代以后出生的有 18 人，其余均为 20 世纪 70 年代以前出生。

各村党员人数如表 2-2 所示。

表 2-2　各村党员人数

单位：人

	合计	男	女
杰德秀居委会	40	35	5
斯麦居委会	18	14	4
果吉村	34	29	5
克西村	34	30	4
修吾村	39	31	8

资料来源：杰德秀镇政府。

为使支部工作有章可循，杰德秀居委会建立健全了支部的规章制度。如党员学习制度、支部工作制度、思想政治工作制度，逐步实现支部工作和党员教育管理工作的制度化、规范化。

当问及党组织的基本职能时，达瓦向我们列出了以下几点内容。

（1）组织党员认真学习马克思列宁主义、毛泽东思想、邓小平理论和"三个代表"重要思想，学习党的路线、方针、政策及决议，学习党的基本知识，学习科学、文化和业务知识。

（2）对党员进行教育、管理和监督，提高党员素质，增强党性，严格党的组织生活，开展批评和自我批评，维护和执行党的纪律，监督党员切实履行义务，保障党员的权利不受侵犯。

（3）密切联系群众，经常了解群众对党员、党的工作的批评和意见，维护群众的正当权利和利益，做好群众的思想政治工作。

（4）对要求入党的积极分子进行教育和培养，做好经常性的发展党员工作，重视在生产、工作第一线和青年中发展党员。

（5）监督党员干部和其他工作人员严格遵守国法政纪，严格遵守国家的财政经济法规和人事制度，不得侵占国家、集体和群众的利益。

（6）教育党员和群众自觉抵制不良倾向，坚决同各种违法犯罪行为作斗争。

据达瓦书记介绍，为了落实县委《中共贡嘎县委关于推荐提名党的十七大代表候选人初步人选工作方案》（贡委〔2006〕81号）文件精神，杰德秀居委会在2006年12月组织党员进行了选举，80%的党员参加了选举。全镇共选出3名十七大代表候选人，杰德秀居委会妇联主任果果同志被提名十七大代表候选人，另外 2 名分别是修吾村村委会主任西绕群旦以及杰德秀镇专职副书记桑珠。

（二）团组织

杰德秀镇现有团员共 113 人，其中在外团员 25 人，在家团员 88 人。具体团员构成如表 2－3 所示。

表 2－3　团员人数统计

单位：人

单　位	男	女	合计
镇机关团员	5	6	11
杰德秀镇中心校	1	5	6
杰德秀居委会	29	0	29
斯麦居委会	6	2	8
果吉村	15	7	22
克西村	7	3	10
修吾村	18	9	27
合　计	81	32	113

资料来源：杰德秀镇政府。

从杰德秀居委会的团员统计情况看（见表 2－4），29 名团员全部是男性，文化程度都是小学，年龄从 19 岁到 27 岁不等。需要说明的是，由于有 1 名团员长期在外打工，因此本表的统计中只有 28 人。

表 2－4　杰德秀居委会团员人数统计

姓　名	性别	民族	年龄	政治面貌	文化程度	备　注
拉　拉	男	藏	24	团员	小学	杰德秀二组
格桑多吉	男	藏	24	团员	小学	杰德秀二组
普布次仁	男	藏	25	团员	小学	杰德秀二组
朗　珍	男	藏	20	团员	小学	杰德秀二组

续表 2－4

姓　　名	性别	民族	年龄	政治面貌	文化程度	备　　注
边　巴	男	藏	22	团员	小学	杰德秀三组
德　庆	男	藏	19	团员	小学	杰德秀三组
土旦群培	男	藏	26	团员	小学	杰德秀三组
普布扎西	男	藏	26	团员	小学	杰德秀三组
旦　增	男	藏	25	团员	小学	杰德秀三组
普　布	男	藏	26	团员	小学	杰德秀四组
旦　增	男	藏	25	团员	小学	杰德秀四组
次　仁	男	藏	25	团员	小学	杰德秀四组
拉巴次仁	男	藏	25	团员	小学	杰德秀五组
次　仁	男	藏	27	团员	小学	杰德秀五组
巴　桑	男	藏	25	团员	小学	杰德秀六组
普布次仁	男	藏	20	团员	小学	杰德秀六组
拉　次	男	藏	21	团员	小学	杰德秀六组
旦　增	男	藏	24	团员	小学	杰德秀六组
顿　珠	男	藏	26	团员	小学	杰德秀七组
白　玛	男	藏	27	团员	小学	杰德秀七组
旦　增	男	藏	23	团员	小学	杰德秀八组
扎西罗布	男	藏	22	团员	小学	杰德秀八组
格桑旺扎	男	藏	21	团员	小学	杰德秀八组
土　旦	男	藏	20	团员	小学	杰德秀八组
加　错	男	藏	19	团员	小学	杰德秀九组
扎　西	男	藏	19	团员	小学	杰德秀九组
扎西次仁	男	藏	20	团员	小学	杰德秀九组
欧　珠	男	藏	21	团员	小学	杰德秀九组

资料来源：杰德秀镇政府。

　　对于团组织活动，达瓦书记说，3 月 5 日"学雷锋日"期间，杰德秀团委号召团员和青年开展了 101 省道及康鲁商

业街大扫除活动；利用五一黄金周，组织团员学习了团的
章程；在第三批先进性教育活动期间，全镇组织了包括杰
德秀居委会在内的 30 名青年团员对克西村村委会的近 5 公
里道路进行了维修，受到了当地群众的好评。2006 年，杰
德秀居委会团员共缴纳团费 56 元。

（三）妇女组织

杰德秀居委会现有人口 2242 人，其中妇女 1190 人，占
总人口的 53.08%。在全村 40 名党员中，女性有 5 人。

2006 年 12 月，杰德秀居委会妇联主任果果被提名十七
大代表候选人。由于果果是专门负责妇女工作的，为此我
们就妇女工作向她进行了调研。

据果果介绍，在妇女活动方面，2006 年组织全村妇女
开展了"爱我家园"的爱国卫生活动，结合《公民道德法
制建设实施纲要》，采取写标语、发放册子等方式对广大妇
女同志进行爱国主义、集体主义、社会主义和党的基本理
论、基本路线教育，帮助她们树立正确的祖国观、民族观、
宗教观和文化观。2006 年 2~3 月，居委会针对妇女组织了
扫盲短期培训，实现扫盲对象达 50 人以上。同时，还不定
期举办《母亲法》、《婚姻法》、《妇幼保护法》等法律法规
的学习讲座活动。

此外，杰德秀居委会每年由妇联争取一定的经费，组
织开展形式多样的"三八"妇女节和"六一"儿童节庆祝
活动。

在"巾帼建功"活动中，9 组的嘎日（女）在家中开
办了家庭手工作坊，带领贫困农牧民妇女纺织围裙，帮助
她们脱贫，2005 年嘎日被县妇联评为"巾帼文明示范岗"。

第二节　规章制度

一　规章制度

为了解居委会规章制度的建设情况，我们对村支部书记进行了访谈。达瓦说，目前杰德秀居委会在健全人民调解、治安保卫、计划生育、公共卫生、经济发展上，普遍进行了建章创制工作。下面主要对村务公开制度和农民工工资保证金制度进行简单的介绍。

（一）村务公开制度

居委会制定了三年任期目标。规定了居委会正、副主任、委员及小组长职责，重新修订、完善了村民代表会议制度、村民自治章程、村民公约、村务公开以及居委会工作、学习等各项规章制度。

前面已经提到，我们在调研时，新一届居委会领导班子刚上任不久。据农牧民反映，主要是上届居委会财务出现了问题，他们要求重新选举。

现任领导班子是 2007 年 1 月 16 ~ 19 日重新选举产生的，新上任的领导班子对村务公开制度进行了完善。杰德秀镇政府还专门成立了村民自治和建立村务公开民主管理领导小组，为维护农牧民群众根本利益、明确村务公开民主管理工作提供了保障。

村民自治和村务公开民主管理领导小组名单为：组长：米玛（镇长）；副组长：普布桑珠（专职副书记）、张强（副书记）、达瓦次仁（副镇长）；成员：张鹏（科员）、巴桑列珠（科员）、次仁（斯麦居委会主任）、达瓦（杰德秀居委会主任）、达瓦（修吾村主任）、巴珠（克西村主任）、次仁（果吉村主任）。

（二）农民工工资保证金制度

为适应安居工程的需求，杰德秀镇成立了农民施工队。另外，为了维护农民工的合法权益，杰德秀镇政府还制定了农民工工资保证金制度。其基本内容如下。

（1）施工企业分包给专业及劳务分包企业的，必须依法订立分包合同，明确专业工程及劳务价款的支付时间、支付方式等。

（2）施工企业必须与农民工直接签订劳动合同，不得由他人代签，建筑领域工程队、包工头等不具备用工主体资格，不能作为用工主体与农民工签订劳动合同。劳动合同须明确工资以货币形式按月发放和结算方式。

（3）禁止将建筑工程发包给无用工资格的组织和个人，凡因无用工资格的组织、个人承包建筑工程造成拖欠、克扣农民工工资的，由发包方承担责任。

（4）本制度自 2006 年 3 月 2 日起实施。

二 工作规划

在杰德秀镇政府以及杰德秀居委会调研中，我们了解到一些与农牧民生产、生活密切相关的工作规划，以下是规划的一些基本情况。

（一）新农村建设之民房改造规划[①]

1. 民房改建的原则

为把民房改建工程做成"民心工程、德政工程"，让群众真正受益，使改建工程顺利完成，镇政府在整个改建工程的具体操作过程中遵循"合理布局、因地制宜、逐村规划、群众自愿、适度集中、人畜彻底分开"的原则。

2. 民房改建领导小组

成立了由镇长米玛为组长、专职副书记格桑次仁为常务副组长、镇人民政府副镇长达娃次仁和次仁旺杰及人大副主席罗布仁青为副组长的领导小组，其他领导小组成员由各联村干部、各村支部书记及主任共 18 名同志组成，领导小组办公室设在镇政府，办公室主任由次仁旺杰副镇长兼任。

3. 具体措施

此次民用住房改建工程分两个阶段进行。

第一阶段：从 2006 年 3 月 8 日开始，至 2006 年 11 月底结束，重点对杰德秀居委会和斯麦居委会的 657 户民房进行改建、扩建，其中新建 302 户，改建 355 户。所需资金采取"政府扶一点、银行贷一点、群众筹一点"的方式，充分发挥群众的投资主体作用。

第二阶段：2007 年 8 月中旬至 2009 年 2 月上旬。重点对克西村、果吉村、修吾村的 854 户、5090 人的民用住房分批进行改建、扩建、装修，其中新建 250 户，改建 604 户。所需资金除农牧民自己能力支付范围外，其他资金由

---

① 资料来源：杰德秀镇政府。

县民房改造专项资金解决。

（二）农牧区文化建设规划①

1. 农牧区文化建设的目标任务

经过几年的努力，基本形成适应社会主义市场经济体制、传统文化资源与市场经济接轨、农村文化建设与经济同步发展、符合社会主义精神文明建设的新农村文化格局。逐步理顺农村文化建设的体制机制，大力加强农村文化队伍建设，有效利用现有设施和资源。提高公共文化服务的能力和水平，进一步解决农牧民群众看书难、看电视难、收听广播难等问题，繁荣文化事业，丰富农牧民群众的精神文化生活。不断提高农牧区的文化程度、思想道德素质和科学文化素质，加快社会主义新农村的建设。

2. 切实加强农牧区文化建设

（1）全面加强基础设施建设。坚持以镇为主导，以村（居）委会为重点，以农牧民群众为对象，建设乡村文化设施和文化活动场所，构建农牧区公共文化服务网络。通过几年努力，实现镇有综合文化站、村（居）委会有文化室。在建设好镇文化站的同时，加强对村（居）委会文化室向规范化方向的引导，并丰富活动内容，提高活动质量，确保其真正成为教育农牧民、提高农牧民思想道德素质和科学文化知识的阵地。

（2）切实解决"看电影难、购书难、看书难"问题。一是积极向上级争取农牧区电影数字放映"2131"工程项目和设备，争取实现农牧区每月不少于2场电影的目标；二

---

① 资料来源：杰德秀镇政府。

是新建图书室，充实农牧民群众买得起、看得懂、用得上的通俗读物的品种和数量；三是继续开展"送书进村"工程。

（3）坚持继承与发扬相结合，大力发展特色文化。加强对农牧区优秀文化资源的发掘、整理和保护。推动优秀精神文化产品创作，构建公共文化服务体系，让广大群众更加充分享受文化成果。扶持优秀民间艺术，生产更多具有地方特色、反映时代风尚、群众喜闻乐见的精神文化产品。积极开发具有民族传统和地方特色的民间艺术和表演，充分发挥特色文化在建设社会主义新农村中的重要作用。

（三）杰德秀镇"十一五"发展规划[①]

1. 发展目标

力争 2010 年全镇国民生产总值达 4450 万元，农牧民人均纯收入 4000 元，人均现金收入突破 3000 元，其中第一产业产值 2019 万元，第二产业产值 1674 万元，第三产业产值 860 万元。经济类作物产量 3 万斤；各类牲畜存栏数 34000 头（只、匹）；人均草场面积 0.8 亩，新增网围栏草地 520 亩；有 80 户养鸭专业户和 20 户养鸡专业户；改造中低产田 1600 亩，植树造林 350 亩，解决 3500 人、12000 头（只、匹）牲畜的饮水问题；巩固和扩大"两基"成果，有效控制辍学率的反弹；合作医疗覆盖率达 85%，农牧区人口自然增长率控制在 12‰ 以内；加大工作力度，采取综合措施，加强党建工作，提高工作效率。

---

① 资料来源：杰德秀镇政府。

2. 重点项目与发展规划

（1）种植方面。计划种植优质小麦500亩、优质青稞1200亩、优质油菜2400亩，此外，计划种植土豆1800亩，人工种草300亩。

（2）牧业方面。利用杰德秀居委会和斯麦居委会丰富的水资源，大力发展养殖业，扩大肉鸭、肉鸡和斑头雁的饲养规模，做好防疫工作，提高商品肉鸭的出栏率，预计到2010年饲养鸭总数达25万只，肉鸡、藏鸡达10万只。

（3）文教卫生方面。把教育放在首位，以建设"教育强镇"为目标，全面推进素质教育，在做好家长思想工作的同时，做好控流保学工作，加强师资队伍建设，改善办学条件，保障适龄儿童、少年受教育的权利。预计到2010年，适龄儿童入学率达到98%以上，巩固率达99%。优化卫生资源配置，加强和改善全镇特别是农村卫生服务设施建设，发展农村合作医疗，重视人口老龄化趋势，加强老年人服务设施建设，切实保障妇女，未成年人的合法权益，支持残疾人事业的发展。推动妇女充分参与经济和社会发展，使男女平等在政治、经济、文化，社会和家庭生活等领域得到进一步的体现，促进妇女与经济社会同步发展。积极推进妇幼卫生事业的发展，提高儿童身心健康水平，逐渐完善儿童权益保障机制，加大对儿童的法律保护力度，优化儿童的环境。

（4）扶贫搬迁方面。由于部分村（居）委会的村民居住环境偏僻、交通不便、信息不畅，子女上学极为不便，有的居住区地势低洼，潮湿狭窄，现除4户已搬迁外，还有32户亟待搬迁。

（5）乡村道路改（扩）建方面。目前全镇各村都已通公路，但公路路面等级较低，下一步将积极争取资金投入人力、物力改扩建乡村道路，提高公路的路面等级。

（6）农田水利基本建设方面。第一，杰德秀镇主干渠清淤工程；第二，果吉村、克西村、修吾村三沟河床整治及防洪坝加固；第三，果吉村新修阿巴拉水渠。

（7）康鲁商业街市场搬迁工作。康鲁商业街是杰德秀镇物资交易的聚集地，但由于街面狭窄，积水无法排出，给过往车辆和行人带来诸多不便。因此计划将康鲁市场搬迁到 101 省道北侧近 33.7 亩的场地上（包括耕地、打麦场）。整个市场占地面积为 22500 平方米。整块场地需垫高 1 米左右，整体效果与县农贸市场基本相似。

三　2006 年度工作大事记

（一）行政工作大事记——安居工程建设

我们调研了解到，杰德秀居委会原有村庄规划较为混乱，农牧民建房长期处于无规划、无秩序的状况，人居环境较差，人畜混居、道路狭窄等现象大量存在，旧有房屋和村庄的改建、扩建以及道路等基础设施的建设势在必行。对杰德秀居委会来说，安居工程的实施，对改善目前的居住环境有重要作用。

杰德秀镇"十一五"期间列入民房改造项目的总共有 1476 户。其中，杰德秀居委会有 515 户，斯麦居委会有 154 户，修吾村有 231 户，果吉村有 357 户，克西村有 219 户。新建户和改造户的构成如表 2 - 5 所示。

表 2－5　杰德秀镇各村安居工程新建户和改造户统计

单位：户

项目　　　　各村	新建户	改造户
杰德秀居委会	280	235
斯麦居委会	99	55
修吾村	71	160
果吉村	295	62
克西村	153	66

资料来源：杰德秀镇政府。

　　为保证安居工程的顺利进行，杰德秀镇与杰德秀居委会签订了民用爆炸物品管理使用目标责任书，车辆安全、用电安全、施工安全等目标责任书，民房改造工程质量进度目标责任书。同时，镇指挥部与各户签订了各项目标责任书。通过与各新建户签订责任书，在很大程度上杜绝了乱占用耕地、乱占用集体地和道路交通堵塞、破损公路等事件的发生。为节约土地资源，杰德秀居委会将每户的占地面积控制在 350 平方米以内。在施工过程中，若发现超过标准或不符合合同内容的建筑，一律取消其享受安居工程政策及补贴的资格。

　　由于杰德秀居委会原有房屋建设规划不够科学，居住过于密集，因此在原有规划格局基础上，做到合理布局、因地制宜、人畜彻底分开，有较大难度。为保证安居工程的顺利推进，安居工程办公室根据杰德秀居委会的实际情况，从居民聚集处搬迁 20 户，安置在 101 省道以北（101省道马路边沟以北 30 米，东侧二级提灌站到西侧防堤坝316.9 米，共计 14.26 亩的居民建设余留土地范围），其住房建成二层楼房。另外，为了尽量少占耕地，节约土地资源，杰德秀居委会新建 280 户中的 34 户安置在顿布曲果寺上方弃耕土地上，将其命名为瓜江新村。两处都进行统一规划、适度集中，其余部分属于就地改造。斯麦居委会新建户 99 户中，有 20 户统一安置在杰德秀营业所上方空闲地上，统一规划，适度集中。截至 11 月 30 日，两个居委会已新建完工 75 户，改造完工 70 户。落实国家补贴 145 户，共计 71.6 万元；已落实贴息贷款户 67 户，共计贷款 152.5 万元，已经着手改造户 95 户。

在全面推进安居工程的过程中，杰德秀居委会很多农牧民盖起了新楼，搬进了新居（见图 2-1）。但杰德秀居委会仍有一部分孤寡老人、残疾户、五保户及特困户，他们居住条件差，而且一部分人根本就没有住房，长期借住在亲戚家。对这部分人而言，即使有国家安居工程的优惠政策，他们也无力自筹其他所需资金来改善自身的居住条件。换句话说，受自身条件所限，这部分人无法分享国家的惠民政策，但这部分人的住房条件又是亟须改善的。为使国家安居工程建设的优惠政策人人均享，关注弱势群体的居住条件，杰德秀镇决定将杰德秀居委会安居工程和敬老院统筹建设，即在敬老院建设中，争取国家安居工程的优惠政策。经过调查和征求意见，自愿进入养老院的孤寡老人、五保户、特困户有 26 户。其中，五保户、孤寡老人有 9 户，特困户及残疾户 17 户。在争取安居工程按 1 万元/户给予补贴的基础上，镇政府组织村（居）委会、村民小组联合修建养老院，以改善这部分孤寡老人、残疾人、五保户及特困户的住房和生活条件。杰德秀居委会养老院于 2006 年 10 月 2 日正式开工，选址在居委会南面、顿布曲果寺上方瓜江新村原八组弃耕地上，此处总长度 60 米，宽度 29 米，总占地面积为 2341.7 平方米，目前已解决 13 户特困户、五保户、残疾户、无能力建房者的住房问题。

图 2－1　新建安居工程点（2007 年 3 月 22 日　郑洲摄）

（二）党组织工作大事记——"四民"活动

所谓"四民"，即察民情、解民忧、安民心、帮民富。自"四民"活动开展以来，杰德秀镇共帮扶 20 户对象，其中镇班子帮扶 7 户，其他干部帮扶 13 户，镇党委统一组织干部前往贫困户家里慰问达 3 次，个人探望和慰问次数最多的达 10 次，最少者也达 5 次左右。

按照相关规定，县级干部每人联系 2 户，每户每年帮扶（折合）不得少于 500 元；科级干部每人联系 1 户，每户每年帮扶（折合）不得少于 400 元；一般干部每人联系 1 户，每户每年帮扶（折合）不得少于 300 元。

"四民"活动中，杰德秀镇全体干部职工先后向杰德秀居委会以及其他村（居）委会贫困户帮扶对子送去食品、衣物、建筑材料、现金，并为部分贫困帮扶对子办理了合作医疗，总计折合人民币达6850元。杰德秀居委会的相关特困户、五保户都有了干部帮扶者，在"四民"活动中感受到了关怀和温暖（见表2-6）。

表2-6　杰德秀镇"四民"活动情况统计

单位：元

姓　名	职　务	帮扶对象	慰问品	现金	合计
米　玛	镇　长	达　瓦	砖茶1条、面粉1袋、棉被1床、衣物食品若干	316	761
格桑次仁	专职副书记	米玛拉吉	大米1袋、砖茶1条、瓜果蔬菜以及其他物品若干	50	268
涂红霞	副书记	多　吉	清油10斤、方便面1箱、砖茶10条、面粉50斤、酥油20斤、大米1袋、糌粑100斤、衣服4件、面条2块	80	434
布　琼	镇人武部部长	努　增	大米2袋、砖茶2条、棉被2床	—	320
罗　布	科　员	旺　增	面粉2袋、大米1袋、砖茶2条、衣物2件、食品若干	—	414
尼　玛	驾驶员	桑　珠	大米2袋、砖茶3条、棉被2床、面粉2袋、清油6斤、酥油5斤	—	594
尼玛次仁	科　员	桑杰群宗	大米1袋、砖茶1条、清油10斤、棉被1床	146	436
达瓦卓嘎	技　工	德庆央宗	沙发1套、暖瓶2个、砖茶1条、糌粑100斤、面粉50斤、棉被1床、瓜果饼干若干	—	410
其美央宗	科　员	多布杰	面粉1袋、棉被1床	—	155
平　措	医　生	格桑措姆	藏柜1套、大米1袋	—	618
央　卓	科　员	次旦旺扎	清油15斤、面粉1袋	—	112

资料来源：杰德秀镇政府。

（三）团、妇女工作大事记

2006 年 4 月，由西藏自治区卫生厅、计生办、文化厅、国际红十字协会联合主办的"关爱生命、爱护母亲"综合服务活动中，杰德秀镇妇女参加活动人数较多。此次活动首先是对杰德秀镇的 3 名优秀母亲及 8 名贫困母亲进行了慰问，其中给优秀母亲每人 800 元慰问金；其次进行了文艺表演，包括宣传计划生育、相关法律法规、教育子女等内容；最后在杰德秀镇设立了 5 个卫生点，给各村（居）委会发放药品折合人民币 7 万元左右。

另外，在实践中，还组织妇女开展"三八绿色工程"、"五好文明家庭"、"美德在农家"等各项活动。

在 3 月 5 日学"雷锋日"期间，杰德秀团委号召团员和青年开展了 101 省道及康鲁商业街大扫除活动。利用"五一"黄金周，组织团员学习了团的章程。

第三节　民主法制

一　村民代表大会

（一）村民代表产生方式

杰德秀居委会现辖 9 个村民小组，按照《村民代表推选办法》（简称《办法》）规定，村民代表必须在村民小组范围内进行推选，具体职数由村民选举委员会按照每 5～15 户推选一人的原则分配到各小组；推选村民代表采用无记名投票的方式，各小组设立投票站进行集中投票，公开计票。参加推选时，户代表或选民必须超过应参加推选人数的半数，推选方为有效。另外，《办法》着重强调："村民代表推选只能由户代表或选民本人参加，不准委托他人。"

村民代表主要履行以下职能。

（1）认真宣传和贯彻村委会的决定、决议，协助宪法和法律的实施。

（2）村民代表要积极参加村或村民小组组织的各项活动。学习、宣传宪法和法律，就地视察，进行调查研究，听取群众意见和要求。

（3）发挥村民代表的桥梁与纽带作用，采取多种方式，经常听取和反映村民意见，回答村民的询问，并积极协助居委会开展工作。

（4）应邀列席居民委员会和村上召开的会议。

（5）村民代表提出的批评、意见，居委会原则上5天内答复，凡在限期内无法答复的事项，提交村"两委"会确定，确属重大事项提交村民代表大会讨论决定，并及时将结果通报给村民代表。

（二）历届村民代表大会

杰德秀居委会新一届领导班子是2007年1月16～19日由村民代表大会选举产生的。杰德秀居委会农牧民要求重新选举新的居委会班子的实践，使我们看到了该居委会农牧民要求民主决策、民主管理、民主监督居委会内各项事务的强烈愿望。

就历届村民代表大会召开的情况看，我们了解到，村民代表大会一般是每3个月召开一次，当遇到村里有特殊情况和重大事情时，也会组织召开村民代表会议。比如，村里针对农村合作医疗、安居工程等相关事项都召开了村民代表大会。

（三）村民代表大会的权限

我们调研了解到，在杰德秀居委会村民代表大会上，一般都会讨论一些与本村农牧民生产、生活密切相关的事情，如提灌站的维修、饮水工程、安居工程等。

而就村民代表大会的具体职权看，主要包括以下几方面的内容。

（1）讨论村经济发展规划和年度工作计划；

（2）听取和审议居民委员会的年度工作报告，财务预算、决算和收支情况；

（3）评议居民委员会和居民委员会成员的工作；

（4）经村民会议授权的其他事项。

达瓦向我们描述了村民代表大会的主要成效："取得了村民代表对村（居）委会工作的理解和支持；宣传了村（居）委会的工作；提高了干部在群众中的威信，有利于工作的开展。"

二 依法行政

我们调研得知，为促进依法行政，杰德秀居委会从以下三方面着手进行了建设。

（1）加强培训，提高调解水平。镇人大副主席告诉我们，2006 年 10 月 29 日，县司法局局长加措和法院的索朗平措就如何提高调解工作对全镇相关人员进行了专门培训。参加培训的有杰德秀司法助理员、干事员、各村（居）委会主任、人民调解主任、调解委员等共计 16 人。主要对目前基层人民调解员的配备情况、调解水平，以及人民调解工作机制、记录等各方面存在的问题提出了意见和建议。

（2）成立普法领导小组，加大普法力度。全镇成立了普法领导小组。构成情况如下：组长：米玛（杰德秀镇镇长）；副组长：桑珠（杰德秀镇副书记）、达瓦次仁（杰德秀镇副镇长）；成员：各居（村）委会主任。

领导小组下设办公室，办公室设在镇政府办公室，米玛兼任办公室主任，桑珠任副主任。2006 年 11 月 30 日，在杰德秀镇中心校召开了法制宣传教育大会，参加大会的群众约 448 名，这不仅有利于提高村民对法纪法规的理解，还有利于增强村民的法制观念和安全防范意识，为依法行政和社会治安稳定营造了良好的社会环境。

（3）学习公务员法，推进法制进程。我们在杰德秀镇了解到，为了切实贯彻执行《公务员法》，全镇不仅组织了集中学习，而且还开辟了《公务员法》宣传学习专栏。次吉书记说："《公务员法》的颁布实施，对于深化干部人事制度改革，进一步增强公务员队伍的活力、效率和积极性，具有重要的影响。通过不断的宣传和学习，要求全镇干部用《公务员法》来指导今后的工作。"

三　社会调解

杰德秀居委会位于八大古镇之一的杰德秀镇，与外地商贸往来频繁，流动人口较多。古镇社会背景复杂，更是贡嘎县反分裂斗争的前沿阵地，任重而道远，其社会治安管理基本情况如下。

（一）强化组织管理

结合实际，组建了社会治安综合治理领导小组、安全和生产工作领导小组、寺庙管理领导小组、平安居委会建设领导小组、国外藏胞重点人物档案管理领导小组、调解工作领导小组、社会稳定预警工作领导小组、综治责任追究领导小组、预防和妥善处置群体性事件工作领导小组、刑事解教人员安置帮教工作领导小组、学校及周边治安工作领导小组，制定了切实可行的相关工作方案并建立长效机制。与寺庙、学校等部门层层签订了社会治安综合治理、安全劳动生产、寺庙管理、重大动物疫病防治、民用爆炸物品使用管理、学校周边安全管理、局势稳定等各项目标责任书，特别是综合治理目标责任书、劳动生产安全目标责任书、民用爆炸物品使用管理目标责任书都落实到户，明确制定了谁主管谁负责的体系。

（二）强化宣传教育

杰德秀居委会深入基层、学校、寺庙，多次开展以政策、法律法规创建平安居委会、建设社会主义新农村等为主要内容的宣传动员工作。重点宣传《新婚姻法》、《未成年人保护法》、《治安管理处罚条例》、《土地法》、《林业法》、《民族宗教条例》等，其中包括群众大会培训 7 次，参加人数达 4500 人次。

2006 年在顿布曲果寺进行了为期 40 天的深化寺庙爱国主义教育。通过寺庙爱国主义教育，不仅提高了僧众对党的民族宗教政策及法律认识，而且有利于寺庙僧人进一步正确理解和掌握"划清两个界限，尽到一个责任"的政策原则和要求。

（三）　强化预防教育

杰德秀居委会在镇政府的统一领导和大力支持下，在镇派出所密切配合下，坚持"预防为主、防患未然"工作在前，教育疏导，及时排查，依法处理，努力做到了"三个不放过"、"四个坚持"，对群众在农牧业生产生活方面遇到的热点、难点问题，做到了及时了解，及时解决。

我们在杰德秀镇政府了解到，2006 年全镇通过人民调解和行政调解纠纷 8 起，其中拖欠民工工资纠纷 1 起、婚姻纠纷 3 起、宅地纠纷 2 起，成功调解 8 起。

（四）　积极进行帮教工作

镇上的干部告诉我们，以前全镇重点监管的对象是克西村，现在将重点放在杰德秀居委会。各村（居）委会都组建了安置帮教小组，对回来的每一位刑释解教人员的思想动态、家庭情况、生活状况进行了解，并及时与镇帮教领导小组取得联络，同时与镇派出所及时沟通，积极主动调查处理出现的问题。目前全镇共有 90 名解教人员，都基本得到了妥善安置，没有一起重新犯罪案例。

四　民族优惠政策

在杰德秀调研期间，我们感受最深的民族优惠政策是：农牧区合作医疗优惠政策、农牧区义务教育优惠政策以及农牧区计划生育优惠政策。

（一）　农牧区合作医疗优惠政策

西藏和平解放以来，国家一直对西藏农牧民实行特殊的免费医疗政策，免费医疗经费先后得到 6 次提高。党的十六大以来，为确保广大农牧民群众看得起病、看好病，国家和自治区进一步加大了对免费医疗经费的投入力度。到"十五"末，西藏农牧民免费医疗经费在年人均 40 元的基础上，提高到了年人均 80 元。2007 年，国家再次将农牧民免费医疗经费标准提高到了年人均 100 元，使西藏农牧民群众得到了更大程度的免费医疗保障。

我们从杰德秀合作医疗办公室了解到，2004～2006 年，家庭医疗账户基金总账构成有所不同，总体而言，家庭医疗账户基金总账金额呈不断增长的态势。2004 年家庭医疗账户基金总账金额为 40 元，其中国家财政划拨 15 元，合作医疗补助 10 元，自治区财政出资 10 元，山南地区财政 3 元，贡嘎县财政 2 元。2005 年国家财政加大支持力度，拨款金额由 2004 年的 15 元增加到 65 元，与此同时，取消了合作医疗补助款项，最终使得 2005 年家庭医疗账户基金总账金额由 2004 年的 40 元上升到 80 元。2006 年，家庭医疗账户基金总账金额再度上升，达到 104 元，主要是由个人集资导致的。

从参与农村合作医疗上看，杰德秀居委会农牧民表现出较高的积极性。居委会有农户 575 户，2006 年有 517 户参加了农村合作医疗，参加比例达到 90%。这说明广大农牧民已基本认识到参加合作医疗的重要性。推行农村合作医疗的过程中，不仅有力地保障了广大农牧民群众的身体健康，而且促进了农牧区卫生事业的发展。自开展合作医疗以来，杰德秀居委会缺医少药的状况得到有效缓解，完善了免费医疗政策，规范了管理，促进了乡镇卫生院的建设。根据统计显示，2006 年底，杰德秀居委会参加个人筹资的农牧民已有 2000 户以上纳入了合作医疗的保障范围。

（二）农村义务教育的优惠政策

为进一步提高藏族农牧民子女受教育的数量和质量，国家从 2007 年开始大幅度提高西藏农牧民子女接受义务教育"包吃、包住、包学费"的"三包"经费标准。每个小学生每学年的"三包"经费由原来的 600 元提高到 1000 元；初中生由每人每学年 800 元提高到 1150 元。边境地区学生在此基础上每人再增加 100 元。与此同时，高中学生的助学金标准也由原来的每学年 800 元提高到 900 元。

自 1985 年中央在西藏实施教育"三包"制度以来，已经四次提高经费标准，全区所有农牧民家庭都享受到了这项优惠政策。目前，西藏的小学适龄儿童入学率达到 94.7%，共有 43 万余名学生在小学和初中学习，占全区人口的 15.8%。

调研表明，杰德秀居委会农牧民对国家减免农村教育费用非常欢迎，满意和非常满意的比例占 94%。农牧民对此政策持积极支持态度，认为这是国家对农牧民的关心，在为农牧民办实事。

（三）计划生育的优惠政策

西藏自治区规定：藏族和其他少数民族干部、职工和城镇居民，提倡一对夫妇生育 2 个孩子。对农牧区的少数民族农牧民只提倡优生优育、晚婚晚育，不限定生育胎数；如有自愿实行计划生育的，给予技术指导。

我们在调研时明显感受到，家庭中孩子的数量比上辈少许多。一位农牧妇女的话或许能解释这样的现象："孩子多了负担重，计划生育政策的宣传也使大家知道了少生的好处。"

第四节　居民委员会选举情况

我们调研了解到，2005 年是贡嘎县村（居）委会换届选举年，从 2005 年 6 月 1 日起，贡嘎县进行了第五届换届选举，截至 8 月 10 日，全县 43 个村（居）委会全部圆满完成了换届选举工作。

现将杰德秀居委会选举工作总结如下。

一　选举概况

（一）广泛宣传，深入发动

杰德秀居委会通过会议、张贴宣传标语等方式，向广大农牧民宣传《村民委员会组织法》、《选举法》、《实施办法》以及相关的政策和规定，并将《村民委员会组织法》、《西藏自治区换届选举法》及相关文件以藏文形式分发给居委会各小组，通过宣传，使广大农牧民充分认识到选举工作的重要性、必要性，使他们学会通过法律程序，珍惜和维护自己的民主权利，大大激发了参加议政的主动性和积极性。

（二）抓好培训，发挥骨干作用

为推进村（居）委会换届选举工作，杰德秀居委会专门成立了村（居）委会换届选举指导小组，负责村（居）委会换届选举日常工作，制定了工作方案。同时，对换届选举工作小组进行了业务培训，加强对《村民委员会组织法》和自治区的《实施方法》、《选举办法 》等法律法规及文件的学习。通过学习，增强了选举工作人员的法律意识、法律观念，并熟练掌握了选举的具体程序和基本环节。

（三）严格程序，依法选举

1. 村（居）民选举委员会成员推选

为推进村（居）委会换届选举工作，杰德秀居委会成立了村（居）民选举委员会，负责主持本村（居）选举工作。选举委员会是由村（居）民会议或村（居）民代表大会推选产生的。选举大会由选举委员会主持召开，实行公开、直接、差额和无记名投票，当场唱票、计票，直接选举出主任、副主任和委员。

2. 选民登记

选民登记是确定并办理有选举权和被选举权的村（居）民参加选举的唯一合法手续，在此过程中，确实做到不错登、不重登、不漏登。杰德秀居委会以小组为单位，由选举委员会根据村的户口簿、身份证进行选民登记。按照选举法有关规定，坚持以户籍所在地为基础，同时结合城镇化、区划调整、人口流动等因素，深入细致地做好选民登记工作，切实做到每一个选民只能在一地登记。

3. 提名候选人

提名候选人是村（居）委会换届选举工作的关键一环，也是广大选民行使民主权利的开始。杰德秀居委会采取由选举委员会召开提名大会或以村民小组为单位召开提名会议的方式由选民一人一票直接提名候选人。提名时，保证妇女在选举中的合法权益，使女性在居委会成员中至少有1名妇女名额。提倡村（居）党组织书记与村（居）委会主任"一肩挑"，鼓励村（居）党组织书记参与竞选村（居）

委会主任。

4. 投票选举

投票是选举的中心环节，是选民行使民主权益的主要形式。杰德秀居委会坚持"选举村（居）民委员会，有选举权益的村（居）民的过半数投票，选举有效，候选人获得参加投票村（居）民的过半数的选票，始得当选"的原则，积极动员、组织群众亲自投票。投票选举前，村（居）民选举委员会要安排候选人与选民见面，比较全面、客观地向选民介绍候选人各方面的情况、工作能力以及当选后的工作打算，以便于选民能在投票时准确地挑选自己满意的人选。同时，还要组织候选人进行演讲，介绍治村（居）设想，回答选民提问，以便选民选择。选举时，要设立秘密写票处，实行无记名投票，公开计票。村（居）委会主任、副主任和委员由选民直接投票选举产生。

从目前杰德秀居委会民主选举的情况看（见表 2 – 7），参加的比例占了绝大多数，为 84%，认为"选出的干部对我们很重要"是参加选举的主要原因。相比而言，不参加的比例远远低于参加的比例，为 16%，从不参加的原因看，主要是认为"参不参加都无所谓"和认为"上级领导已经认定好了"而拒绝参加。

表 2 – 7 参与民主选举的情况

单位:%

参与民主选举的情况	比　例
参　加	84
不参加	16

资料来源：课题组调研。

二　主要成效

（一）提高了村（居）委会班子的整体素质

新一届村（居）委会领导班子与上一届相比有三个明显的变化：（1）年龄普遍年轻化。全县村（居）委会班子平均年龄 37 岁。（2）文化程度普遍提高。村（居）委会班子具有初中以上文化程度的占 9%。（3）一大批有文化、懂管理、热心为群众服务的能人入选村（居）委会领导班子，新一届村（居）委会班子给村领导注入了新的活力，优化了村领导班子结构，进一步提高了村组织的办事效率。基层组织和广大党员的凝聚力、战斗力得到了进一步加强。

（二）促进了村（居）委会规范化建设

新一届村（居）委会班子产生后，在健全人民调解、治安保卫、计划生育、公共卫生、经济发展等工作委员会的基础上，普遍进行了建章创制工作。制定了三年任期目标，村（居）委会正、副主任、委员及小组长职责，重新修订、完善了村（居）民代表会议制度、村（居）民自治章程、村（居）民公约、村务公开以及村（居）委会工作、学习等规章制度。这些制度的建立和完善，规范了村（居）委会建设，保证了村（居）委会工作的正常运转。

（三）增强了民主法制观念

村（居）委会换届选举，是中国法制建设日益完善的具体体现，从杰德秀居委会农牧民的反映看，通过深入扎实的宣传教育和思想发动，换届选举中所有的组织者和参与者均不同程度地上了一次社会主义民主和法制的教育课。广大农牧民认识到村（居）委会换届选举是政治生活中的一件大事，是充分行使民主权利的一项重要活动。选举中广大群众积极参与，珍惜自己的民主权利，为换届选举工作奠定了群众基础。

三 今后发展方向

针对杰德秀居委会的相关情况，为巩固村（居）委会换届选举的成果，规范村（居）委会，切实加强村（居）委会建设，促进城乡经济发展和社会稳定，今后要重点抓好以下几项工作。

（1）抓好村（居）委会选举后的建章立制工作。从杰德秀调研情况看，目前还有个别规章制度有待进一步修订、完善，村（居）委会要在当地政府指导下做好建章立制工作，实行规范化管理。

（2）抓好村（居）委会干部的培训工作。每一次换届选举都会使一批新当选的干部被充实到村（居）委会班子中，民政部门要配合有关单位制定培训计划，对村（居）委会干部特别是新当选的干部进行培训，使他们尽快熟悉工作，进入角色，以适应工作需要。

（3）继续深入扎实地开展村民自治活动。要在总结新一轮换届选举工作、进一步健全完善基层民主直接选举制度的基础上，继续按照民政部和自治区有关通知精神，搞好民主决策、民主管理、民主监督。要把村务公开作为当前和今后农村牧区开展村民自治的一项重要工作，建立健全村务公开各项制度。

第三章 农牧业发展

第一节 农业

　　据估计，杰德秀居委会 70% 以上的土地用于种植青稞和小麦。青稞按亩产量 750 斤计算，该村每年青稞总产量为 345.15 万斤；小麦按亩产量 500 斤计算，该村每年小麦总产量为 230.1 万斤。我们了解到，村里大部分粮食都是农牧民自己消费，经济条件好的家庭，则把剩余的粮食储备起来；经济条件不好的家庭，则在留够口粮后把多余的粮食出售，以换回其他所需物品。

　　村里极少有不种地的农户，占总户数 80% 以上的农户以农业为主要职业，农牧民靠农业挣得一半以上的收入，因此，从任何角度看，从事农业对杰德秀居委会农牧民来说是居于首位的。

　　除了种植青稞和小麦外，该村还种植油菜、萝卜、马铃薯、圆白菜、桃、核桃、苹果等。

一　农业条件

（一）气候条件

　　分析农业生产作物，必须与当地的气候条件联系起来，因为庄稼通常直接依赖于气候条件。而且农牧民的生产活动不是个人的自发活动，他们需要清楚地了解种子何时发芽以便确定播种时间，必须知道什么时候施肥等。

贡嘎县因地处青藏高原的藏南谷地，受地势的影响，纬度地带性气候变得不太明显，受太阳辐射、地理条件和大气、环境等诸多因素影响，呈现出非地带性特点，形成独特的温带半干旱高原气候。受气候条件的影响，杰德秀居委会的农作物只有青稞、小麦、油菜等。其中青稞是主要农作物，小麦和油菜等是补充性的农作物，其产量仅限家庭食用。该村90%的农田都种植上述农作物。

（二）粮食种子

土壤的化学成分、地形和气候都是影响农业的条件，当然谷物的品种对产量也会有影响。在长期的农作实践中，农牧民对不同谷种的产量都有了较好的经验认识。为保证收成，一些农牧民都会用自家的粮食去其他农牧民家中换回一些产量较高的种子。一位农牧民告诉我们，换种子不需要另外给钱，只要带上自家的粮食就可以。

（三）地势平坦，有利于机械化耕作

杰德秀居委会农田大部分位于101省道左侧（见图3－1），地势平坦，有利于机械化耕作。实际上，该村80%的土地都是用拖拉机耕种。调研发现，拖拉机在该村的普及率较高，大概60%的家庭都有1台拖拉机，没有拖拉机的家庭可以在耕种时租用其他家的，一般价格为20元/亩左右。

图 3 – 1　位于 101 省道边的基本农田（2007 年 3 月 22 日　郑洲摄）

（四）农田灌溉条件

当地农牧民说："水是农田中最重要的东西。如果缺水，青稞就会枯死；如果水多了，不但青稞产量减少不说，农田的土质还会受影响。"

调研中，农户还告诉我们，这里以前是贡嘎县的粮食主产区，粮食产量较高，平均每亩产 700 斤左右。但是自 1998 年洪水过后，这里的亩产量下降了很多，主要是农田被洪水淹没后，土地盐碱化导致土质变差。1998 年后一部分农田完全不能耕种，原来高产的农田现在只能荒废。

看上去整块的农田实际上被分做很多份儿，每家之间筑起与土地边缘平行的田埂，以作为分界。农田灌溉主要靠提灌站。每一片田地有一条共同的水渠通过，在每片田地的小块田间有一个通水口。雨水多的时候，还需要把多余的雨水从农田中排出去。农牧民说，提灌站的状况不好，提灌站漏水，对农田的灌溉有影响（见图 3 – 2）。

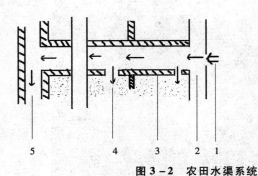

1　河
2　经过大片田地的水渠
3　小块田周围的埂
4　小块田的临时进水口
5　公用排水沟

图 3 – 2　农田水渠系统

二　土地制度变迁

（一）中华人民共和国成立以来土地制度变迁

据调研，1959 年该村实行了土地改革。基本的做法是，根据区别对待的原则，将叛乱农奴主及其代理人的土地、房屋、农具、耕畜等生产资料没收过来，对未叛农奴主及其代理人的生产资料赎买过来，然后进行合理分配。分配对象主要是贫苦农奴和奴隶，适当照顾中等农奴（包括富裕农奴），对农奴主及其代理人（包括叛乱分子家属和叛乱分子弃暗投明的），也分给他们与农奴一样的土地、牲畜等生产资料。对于中等农奴（包括富裕农奴），其原耕土地原则上不动，只对富裕农奴原耕土地超过当地人均耕地一倍以上的，经充分协商同意后，才将多余耕地抽出分配。对于自愿还俗的僧尼，同劳动人民一样参与分配。

经过改革，农牧民第一次拥有了属于自己的土地等生产资料，土地所有权由领主占有制转变为劳动人民个体所有制。西藏废除了三大领主占有的庄园制，建立了劳动人民的个体所有制。

据当地农牧老人回忆，1959年实行土地改革时，当地没收的土地和赎买的土地分别占总数的16.9%和83.1%；没收的农具、耕畜和其他如牛、骡马、山（绵）羊、房屋、马车、水磨等生产、生活资料的比例大体与此相当。

20世纪70~80年代，西藏又经历了个体所有制转变为集体所有制、家庭联产承包责任制两次大的转变。在农牧区实行了"土地归户使用、自主经营长期不变"的政策，20世纪80年代该村开始出现机械农具用于农业生产。我们调研了解到，该村这个时期比较广泛地开展了兴修水利、进行农田基本建设、推广优良品种和机耕机播等促进生产的活动。

（二）土地承包情况

在"土地归户使用、自主经营长期不变"的政策指导下，该村每家都分到了土地。该村农牧民嘎日说："土地承包政策比较满意，以前家里没有劳力就拿不到粮食，土地承包以后自己好好耕种，生活就慢慢好起来了。"

从我们调研的情况看，每家土地的数量不等，主要是由于自土地承包后每户人口增加的不同导致的。

该村现有人口总数为2242人，总户数575户，耕地面积4602亩，人均耕地面积2.05亩。

（三）土地租佃情况

杰德秀居委会是典型的"农业＋民族手工业"村。根据该村的实际情况，我们可以将村民的职业分为4类：（1）农业；（2）商业；（3）纺织业；（4）其他。职业的分化，使该村一部分农牧民从农业中脱离出来，主要从事商业，但是这仅限于小部分。对于从农业中脱离出来的农牧民，他们的土地则会租给其他农牧民耕种，租种土地的农牧民不需要向他们缴纳粮食。

（四）建设征地情况

我们在镇安居工程办公室了解到，对于安居工程的建设，主要是根据《西藏自治区农村村民住宅用地管理规定（暂行）》（藏政发〔2001〕118号）相关规定执行的。农村村民建住宅，经批准占用耕地按照"占多少、垦多少"的原则进行。比如，果吉村四组户主索朗申请占用耕地300平方米（3口人），已按照居委会指定地点负责新开垦300平方米耕地。

另外，我们了解到，杰德秀居委会将顿布曲果寺上方至朗杰学乡村公路右边、面积约118.8亩的歉收弃耕地作为杰德秀居委会民房改造的搬迁安置地，而这118.8亩土地也以耕地换耕地和新开垦的方式进行了补偿。

三　发展农业措施

根据我们的调研，杰德秀居委会在发展农业中采取了以下措施。

（一）调整产业结构

我们调研得知，为增加农业产量，近年来该村按照"稳粮增收、发展特色农业"的思路，狠抓农业产业结构调整。加大了优质品种的推广，适当减少了小麦的播种面积，增加了青稞、油菜、苜蓿、玉米以及其他经济作物的播种面积。同时，把经济作物作为种植业结构调整的重点，推广种植了无公害蔬菜、普遍食用蔬菜等品种。产业结构的不断调整，使该村的粮食结构有了较大的变化。

（二）农田基础设施建设

基础设施是为人类生产与生活提供服务的不可缺少的物质载体与基本条件。农村基础设施和公共事业建设是社会主义新农村建设的重要内容之一，直接关系农业生产条件的改善、村容村貌的改变和农民生活质量的提高。对杰德秀居委会而言，农业收入仍是农牧民收入来源的重要组成部分，重视和加强农业生产过程中的基础设施建设，破解农业基础设施对农村经济发展和农牧民增收的瓶颈制约，是更好更快地促进农牧民增收的有效途径。近年来，杰德秀居委会加快了农业基础设施建设，为确保农业的稳定和农牧民的增收提供了基础条件和保障。2006 年杰德秀居委会维修渠道 1 处，长度 500 米，投入劳动力 507 人次，动用手扶拖拉机 24 台次，积极解决农业用水灌溉问题；冬季造林栽植面积 150 亩，栽植 8000 棵柳树，动用劳动力 800 人次，切实将不可耕种的土地利用了起来；维修公路 1000 米，投入劳动力 30 人次，动用装载机 1 台次；此外，在畜牧业方面，杰德秀居委会维修暖圈 26 间，筹备冬季饲草 16000 斤，羔羊成活率达到 85%。这些基础设施的建设，更好地推动了杰德秀居委会农牧业生产的发展。

农牧民告诉我们，提灌站对粮食产量影响较大，因为农田灌溉必须通过提灌站。近年来，杰德秀居委会加强了对水渠、河床治理及防洪坝加固工程等农田基础设施的建设，为更好地推动杰德秀居委会农牧业生产的发展提供了保障条件。除了与农牧民基本生活相关的人畜饮水工程外，未来农田基础设施建设的重点仍是河床治理及防洪坝加固工程、水渠新建以及主干渠道清淤工程等方面（见表 3-1）。

表 3 - 1 杰德秀镇农田水利基本建设"十一五"规划项目

项目名称	建设地点	人口(人)	劳动力(人)	年收入(元)	年人均收入(元)	建设内容	估算投资(万元) 合计	群众投资	国家投资
人畜饮水工程	杰德秀居委会	2243	1163	4447869	1983	新建 2 眼机井，水塔 2 座，水管、设输电线路	210	—	210
人畜饮水工程	斯麦居委会一组	340	195	581825	1711.25	新建 1 座，水塔 1 座，水管、设输电线路	53	—	53
杰德秀镇主干渠道清淤工程	杰德秀居委会和斯麦居委会境内	2872	1552	5611519	1953.88	清淤总长 4.2 公里，宽 12 米，深 2 米，需新建 5 座排水闸门	—	—	—
果吉村、克西村、修吾村三沟河床治理及防洪坝加固工程	果吉村、克西村、修吾村三个村委会境内	5099	2786	8959320	1757.08	加固防洪坝 40 公里，河床治理 40 公里	—	—	—
果吉村新修阿巴拉水渠工程	果吉村阿巴拉山沟处	1940	1090	3492000	1800	总长度为 4500 米，宽 40 厘米，高 45 厘米的三面防渗漏水渠	—	—	—

资料来源：杰德秀镇政府。

（三） 化肥和农药的运用

农田产量不仅受水的影响，化肥和农药同样也会影响农田的产量。农牧民告诉我们，村里农牧民购买化肥只需要 45 元/袋，而市场价格是 90 元/袋，其余的 45 元由政府补贴。农药是村里统一发放的，但是很多家庭不懂农药使用方面的技术，为此，镇政府专门组织干部到田间义务劳动，给农田施农药。一位农牧民说："化肥和农药对产量的影响大，但是必须掌握好用量。"2006 年杰德秀居委会共收化肥款 23539 元。

（四） 农业机械化的运用

由于杰德秀居委会土地平坦，交通便利，大部分耕地位于 101 省道两旁，因此拖拉机在该村的普及率较高，大概 60% 的家庭户均 1 台拖拉机（见图 3 - 3），没有拖拉机的家

图 3 - 3 农牧民开着拖拉机去农田耕种
（2007 年 3 月 23 日 郑洲摄）

庭便租用其他家的拖拉机耕种。我们调研了解到,拖拉机主要是在播种时用,收割时主要还是靠人力。不过农业机械化的运用大大提高了农业效率,农牧民花在农业上的时间比以前减少很多,除了农忙外,大部分农业劳动力都外出打工,或者做生意。

(五)结合实际,积极实施退耕还林工程

据农牧民介绍,原来杰德秀居委会耕地因土质肥沃、灌溉方便,曾一度是粮食主产地。但是 1998 年遭遇洪灾时,下游的良田全部被淹没。近年来,土地逐步板结、沙化,严重影响粮食产量。多年的歉收或绝收,已使不少农田被放弃耕种。针对这一实际情况,结合退耕还林政策,杰德秀居委会 2004 年实施了退耕还林工程,将生态环境建设、农牧林结构调整与农牧民脱贫有效地结合了起来。

从 2006 年杰德秀居委会退耕还林补贴兑现情况看(见表 3 - 2),共实现栽植面积 1098 亩,按每亩补偿标准 210 元计算,共计兑现金额 230580 元。

表 3 - 2　2006 年杰德秀居委会退耕还林补贴兑现情况

项目 村名	地　名	栽植面积 (亩)	每亩标准 (元/亩)	兑现金额 (元)
杰德秀	泽当贡	642	210.00	134820.00
	轮达	16	210.00	3360.00
	拔当	190	210.00	39900.00
	秋那	250	210.00	52500.00
	合　计	1098	—	230580.00

资料来源:杰德秀镇政府。

（六）开垦荒地，补偿被洪灾淹没的耕地

杰德秀居委会第二村民小组组长告诉我们，1998 年洪灾使全村 598 亩田地淹没，尤其是第二村民小组，几乎没有了可种的田地。目前，全组 62 户，306 人，耕地（实耕）面积 107 亩，人均耕地面积不到 0.5 亩。2003～2004 年两年里，第二村民小组共开垦了 100 亩荒地，2005 年又开垦荒地 200 亩，三年共开垦荒地 300 亩，以此补偿被洪灾淹没的耕地。

四　农业发展中面临的主要问题

根据我们的调研，杰德秀居委会在农业发展中有以下几点值得注意。

（一）农业自然条件差，抗风险能力低

杰德秀居委会曾经是贡嘎县的粮食主产区，但是 1998 年遭遇洪水以后，土地大量碱化，粮食产量锐减，以前的粮食主产区变成了现在的少产区或无产区。在农业生产中，自然基础条件较差，自然灾害频繁。尽管雅鲁藏布江水资源丰富，但是用当地农牧民的话来讲，雅鲁藏布江并没有给他们带来多少好处，带给他们的反而是威胁和担心。目前，杰德秀居委会农业发展的基础设施和条件与全国相比还有很大的差距。这突出表现在农业基础脆弱，农业基本上属于"靠天种田、靠天吃饭"。而抵御自然灾害的方法，仍应用着传统的防范措施，经常出现"大灾大损，小灾小损"的情况，极大制约了其农业生产的健康稳步发展和农牧民收入的稳步提高。

（二）农业基础设施现状制约农业发展

世界银行经济学家研究指出：基础设施能力是与经济产出同步增长的，基础设施存量每增长 1%，GDP 就会增长 1%，基础设施的供给充分，有利于生产要素的自由流动和资源的合理配置，从而促进经济规模的形成以及经济结构的优化。近几年，杰德秀居委会的基础设施建设步伐加快，基础设施状况得到了一定程度的改善。但是和农牧业生产的要求还不相适应，这突出表现在农业水利基础设施建设的滞后上。在调查中，农牧民反映最多的是农田水利建设、低产田改造、农家肥积造、春耕备种等农业基础设施建设问题。农业基础设施在存量和增量上均与农业发展不相适应，不仅缺乏科学的规划和有力的保障措施，而且存在设施陈旧、老化、高消耗、低产出、运营效率低等问题。

农牧民告诉我们，由于农田水利的基础设施不够完善，对农田灌溉带来了许多不便，造成该居委会约 1430 亩耕地严重退化，沼泽地逐步增多。虽然居委会曾多次动员村民维修其水渠及防洪堤，但部分水渠及防洪堤还是出现了渗漏等现象，始终无法解决农田灌溉的根本问题。

（三）农业科技知识匮乏，科技服务能力不强

农牧民在农业中所用的知识，是通过上辈实践经验的长期积累一代一代传授下来的，这是一种经验性的知识。农业生产在一定程度上还是靠天吃饭，比如，对水的基本需要只能通过排水、灌溉、筑堤、挖沟等人为的手段进行部分的控制。农业机械化程度的提高，农药、化肥的运用，是对经验性农业知识的补充，对提高农业产量有一定的帮

助作用，但是现在村里懂农业技术的农牧民很少。

目前，全村农业生产除了受自然灾害和农业基础设施的制约外，还存在农业技术方面的制约。这主要表现在三个方面。

（1）在农业病虫害防治的技术上，杰德秀居委会90%的农田都存在鼠害问题（见图3－4），目前还没有运用有效的农业技术进行防治，使得本来就脆弱的粮食产区更加雪上加霜。

图3－4　农田里的老鼠洞
（2007年3月20日　郑洲摄）

（2）在化肥的使用上，大多数农牧民不知道科学用量标准，实践中尽管用了化肥，但是对粮食增产的效果不大。

（3）在农药的使用上，农牧民中懂得农药使用技术的很少。通过调研了解到，由于不懂农药技术，不能准确把握农药用量以及用水量的比例，有些农田用了农药，产量反而减少了。目前主要是乡镇、村干部带头到田间喷洒农药。而导致目前杰德秀居委会农业科技推广和应用问题的主要原因在于：一方面，没有专门的农业技术推广机构，缺乏专职的农业技术推广人员，担任农业技术推广工作的都是乡镇、村干部等兼职人员，本身科技水平不高；另一方面，农牧民自身素质低下，对先进科学技术认识不够，应用率低，影响了农业技术的推广，使得农牧业经营始终处于粗放型的经营管理水平上，导致农牧业效益比较低下，农牧民增收缓慢。

（四）垃圾问题

走在101省道上，我们随处可见生活垃圾。除了影响农牧民的身心健康外，垃圾对农业的影响也不可忽视。这主要表现在以下两方面。

第一，影响水利灌溉。我们看到，农田的灌溉渠里，堵满了垃圾，导致水不能正常流动，影响农田灌溉（见图3－5）。

图3－5　水渠里的垃圾（2007年3月20日　郑洲摄）

　　第二，垃圾为老鼠的滋生提供了温床。我们调研发现，农田的老鼠洞数量之多超乎我们的想象，农田里、田埂上到处都是老鼠洞，甚至在 101 省道的路边上也是如此。农牧民说，老鼠不仅会吃掉田里刚种下的种子，而且还会使农田漏水，严重影响农田产量。有时候农牧民请僧人在家里念经，乞求粮食丰收。对于杰德秀突出的鼠害问题，杰德秀镇的工作人员告诉我们，在目前的鼠害治理中，主要采用的方法是投放老鼠药、粘鼠板、鼠夹等，但治理效果不好，老鼠滋生繁殖能力极强，对农业生产的影响十分严重（见图 3 - 6）。

图 3 - 6　农田旁布满了垃圾（2007 年 3 月 20 日　郑洲摄）

（五）资金的瓶颈制约

　　从前面的分析可知，杰德秀居委会在农业发展过程中还面临着许多问题和矛盾。要解决这些问题和矛盾，除了科学的规划和思路外，还需要资金的有效支撑。例如，农田水利工程的兴建、农业技术的推广、农业病虫害的防治、土地整理、河滩改造、良种工程的实施等无不需要资金的配套和支持。然而，杰德秀经济发展的现状根本无法满足这些资金的需要。就其目前资金问题的解决方案看，基本上是通过向上级政府报告请求资金解决。课题组在调研中了解到，2006年杰德秀镇政府仅请求资金的报告就达几十份之多，但是由于政府自身财力有限，加之发展中需要资金的地区、项目很多，不可能完全满足杰德秀经济发展中的资金需要，请求资金得到落实的项目很少，也正是由于这些资金的制约，使得与农牧民生产密切相关的现实问题迟迟不能得到有效解决，影响了农业的进一步发展。

由于农业的不稳定性，对于农业产品，当地农牧民一部分是为了出售，另一部分是为了消费。我们调研发现，农牧民储备粮食的数量不一定根据价格的波动而升降，每一户都要准备够一年消费的储备粮。市场青稞价格上涨不会诱使生产者出售他们的存量，因为未来粮食收成不确定。

第二节　养殖及农业产业化

一　养殖

杰德秀居委会养殖业中值得一提的是养鸭，除了养鸭外，村里养殖最普遍的就是牛和羊。养牛的主要目的是挤奶，这主要是和他们的生活相关。养羊的主要目的是用来剪羊毛，主要是为了纺织的需要。为此，家家户户都有自己的畜棚，就以前的房子格局看，畜棚一般是在进门的旁边，农牧民要穿过畜棚才能到达居住的地方，属于人畜不分的格局，居住环境较差。而现在的安居工程中一个基本的要求就是人畜分开，因此，新建的房子中畜棚布局有所改变，就目前格局看，畜棚一般在楼下，和人的主要活动区域相分离，进出也不会经过畜棚。

就养鸭项目看，杰德秀居委会根据自身实际，充分利用特色资源及国家扶贫项目的大好机会，积极发展特色养殖项目。2005 年 5 月 10 日杰德秀居委会开始建立养鸭基地，并从四个方面着手促使养殖项目顺利推进。

（1）技术保障，为了解除养鸭过程中的技术瓶颈，杰德秀居委会专门邀请了内地的养殖专家，在技术上进行培训指导。

（2）按照"公司＋基地＋农户"的产业化运作模式，以公司为龙头，以市场为导向、以基地为纽带、以农户为基础的产、供、销一条龙服务，保证了农户的顺利销售，组建了贡嘎秀隆生态有限公司。自 2005 年 5 月 10 日开始实施养鸭项目以来，全村养鸭收入近 10 万元，养殖业已在当地农牧民经济生活中发挥着重要的作用。

（3）成立养鸭协会，协会围绕大力发展、狠抓服务，在养鸭上大做文章。创品牌、建基地、创新模式，推动产业结构调整，促进农业增效、农民增收。同时养鸭协会还无偿提供信息服务，深受农户欢迎，得到了农户的好评，增强了广大群众养鸭的信心和决心。

（4）狠抓疫病防治工作，在生产发展过程中，严格生产基地饲养管理技术和疫病防治技术规程操作，实行了"统一的无公害饲料，统一的卫生消毒，统一的无公害兽药，统一的免疫，统一的检疫出售"的五统一，确保产品质量，保证了鸭群快速健康成长，取得了良好的经济效益和社会效益。

此外，杰德秀居委会积极推进牧业结构调整。按照"稳羊、增牛、增禽"的原则，不断优化畜种及畜群。在县农牧局及兽防站的大力支持和配合下，建成了黄牛改良基地2个，2006年共完成黄牛改良任务115头，绵羊短期育肥250头，发展养猪专业户30户。预计2007年牲畜存栏总数可达到31275头（只），牲畜出栏率可达25%，接羔成活率可达96.7%。

二 农业产业化

对于杰德秀居委会农业规模经营的问题，最值得一提的就是养殖业的农业产业化经营模式。杰德秀居委会根据自身实际，充分利用特色资源及国家扶贫项目的大好机会，积极发展特色养殖项目。2005年5月10日开始建立养鸭基地，按照"公司+基地+农户"的产业化运作模式，以公司为龙头、以市场为导向、以基地为纽带、以农户为基础的产、供、销一条龙服务，保证了农户的顺利销售，组建了贡嘎秀隆生态有限公司。

（一）公司概况

1. 公司资本构成

我们调研了解到，贡嘎秀隆生态有限公司是由湖南科隆畜禽苗种有限公司与县农发综合养殖开发项目共同出资组建的股份制农业企业。投资总额为410.5万元，其中杰德秀镇200户居民入股，投资总额为200万元，占总股金的49%；公司一期投资152万元，其中湖南科隆公司投入77万元，县农发办投入75万元；短期借款15万元，合计资金为 167 万元。

2. 公司建设情况

公司紧临 101 省道，距航空港仅 10 多公里。2005 年 6 月 1 日，公司正式开工建设，建成肉鸭舍 1260 平方米、斑头雁网舍 2080 平方米、精养鱼池 11 亩、放牧草场 300 亩、园区道路 1080 米、水域围栏 3000 米、电力增容 50 千瓦、直销门店 22 平方米、形象广告 28 平方米。

3. 运作模式

贡嘎秀隆生态有限公司采取了"公司 + 基地 + 农户"的产业化运作模式，实行农牧、渔、旅游多业并举，产、供、销、加工一条龙经营。实践中，以市场为导向，依靠科技进步，强化现代化管理，发挥企业核心作用，形成产业化集团优势，带动基地农户形成规模化养殖，走以基地养基地，以基地带农户，连产成片的产业化发展之路。

4. 公司组织结构

贡嘎秀隆生态有限公司参照现代企业管理机制，订立了公司章程和制度，明确了股东的权利和义务，选举产生了董事、监事会，由王庆桥出任公司总经理。

（二）经济效益

1. 公司直接经济效益

我们调研得知，自 2005 年 7 月公司运营至 2005 年底，共饲养斑头雁 1250 只，销售肉鸭 3.57 万只、藏鸡 0.6 万只、藏鸡蛋 4000 公斤、自产鲜鱼 2 万公斤、调运成鱼 1.68 万斤，实现产值 134 万元。2006 年，贡嘎秀隆生态有限公司与群众联合养殖鸡 10 万只，共创收 22 万元。

2. 促进了养殖户增收

2005 年 14 户养殖户共出栏肉鸭 12.56 万斤，产值达 62.8 万元，扣除饲养成本 412171 元，毛利为 215829 元，户均创收 15416 元，最多的一户达 32065 元。2006 年，杰德秀居委会和斯麦居委会发展养鸭专业户 7 户，养殖鸭总计 1.65 万只，出栏 1.6 万只，成鸭出栏率达 95%。一位养鸭专业户说，以前养殖主要以自给自足为主，市场信息不灵，哪些产品好卖，哪些产品不好卖，什么东西价格高，什么东西价格低，心中无数，现在有了公司化运作模式，只需要考虑养殖，不担心卖的问题，从而解除了后顾之忧。

3. 闲置资源向经济资源转化

一位养鸭专业户告诉我们，杰德秀湿地形成于 1998 年的水毁农田，其因高水位和盐碱化无法耕种，公司的成立，使弃耕多年的土地又焕发了生机，公司土地年租金有 6 万多元。

4. 增加了农牧民就业

公司在建设过程中，坚持地方百姓能拿下的建设工程一律不对外发包的原则，为农牧民增加务工及材料收入 14 万多元。公司投产后，积极提供就业机会给当地青年，先后有 7 人在公司务工，其中一人还升任公司中层管理人员。公司运营中，货物运输租车业务全部委托给了本地出租车辆，业务总额达 4 万余元。

（三）公司优势条件分析

1. 政府支持

我们了解到，贡嘎秀隆生态有限公司是在山南地区行署、农发、贡嘎县政府、县农发加大产业结构调整、加大对外招商、搞活地方经济、增加农牧民现金收入的政策指引下成立的。自 2005 年 5 月正式运行以来，得到了地、县、镇各级政府的高度重视和大力支持，政府的支持表现在贷款、政策优惠等方面。

2. 区位优势

公司紧临 101 省道，距航空港只有 10 多公里，区位优势明显，有利于农产品的运输和销售。

3. 资源优势

公司位于雅鲁藏布江河谷地带，湿地面积达 5000 多亩，处于湿地森林保护区内，有着丰富的自然生态资源。同时，杰德秀湿地属省级森林生态保护区，有着得天独厚的生态旅游资源。

4. 产品优势

公司确立了挖掘生态资源，突出高原特色，树立绿色有机食品品牌，立足西藏，面向内地，争取出口的方针。以野生斑头雁扩繁为突破口，以肉鸭产业为基本，以渔业开发为增长点，以生态旅游为后续，实现可持续发展的战略目标。我们调研得知，2005 年 8 月贡嘎秀隆生态有限公司被纳入国家绿色产品认证中心认可的雅砻源牌绿色食品生产企业之一；2005 年 10 月产品首次参加县物资交流会并获得好评；2005 年 12 月公司人工驯繁野生斑头雁技术成果通过自治区科技厅专家组鉴定，填补了区内空白。

（四）存在的问题

1. 农户养殖的问题

股份制形式和产业化模式在当地尚属新生事物，许多股民和养殖户对自主经营、自负盈亏的企业运作模式缺乏认识和理解。对公司的要求多，对自己的约束少；不遵循资源集中、成果共享、分工合作、整体出击的运行规则，我行我素，该签订产品购销合同的不予签订；该使用公司饲料药品的不予使用；不够上市标准的强行出栏，擅自改变饲养管理方法，不按市场规律的突击交售等问题十分严重。

2. 市场需求和竞争问题

公司人员告诉我们，2005 年因易感的高致病性禽流感对消费者膳食结构的影响，西藏地区禽类市场持续低迷，成鸭市价一直在 6 元/公斤 ~9 元/公斤之间徘徊。而拉萨周边养鸭业发展也较快，造成市场供给总量相对过剩，有效需求相对萎缩，产品滞销。

3. 销售网络问题

公司为开辟销售渠道，分别在拉萨市八一农产品批发市场和泽当镇农贸市场设立门市，多次派人赴日喀则、林芝、昌都等地（市）寻找销路。但目前大部分产品还是在区内流通，专业批发市场也很不规范，销售网络还没有规范农牧业服务体系建设。

第三节　农业科技推广

一　农业科技部门与科技信息

我们了解到，该居委会和杰德秀镇没有成立专门的农业科技管理办公室，农业科技管理、农业科技信息以及农业技术培训统一由贡嘎县农牧局安排。

在农业科技信息的提供与服务上，贡嘎县主要采取了以下两种方式：（1）采用项目技术分工、分片技术承包的方式，与技术人员签订技术服务合同，确保每个项目有人管，每个地块有人管。（2）积极扶持和培养农牧民经纪人、农牧民"科技明白人"、致富带头人、农村专业合作经济组织。例如，利用养殖大户的经济实力和市场经验，引导藏鸡养殖大户收购散户的成鸡，统一进行销售；利用蔬菜协会的运作机制，组织引导大蒜种植户销售蒜薹、蒜头。

在援藏干部的帮助下，贡嘎县从内地聘请了技术专家，加强了科技培训力度，并编写了适宜高原特点的技术教材。此外，该县还制定了技术承包制度和热线服务制度，确保技术服务到位、服务及时。

二　农业科技推广项目

从贡嘎县来看，目前主要有以下农业特色项目。

（一）饲草奶牛项目

1. 实施概况

饲草奶牛项目于 2005 年正式立项启动实施，项目参与养殖户 600 户，计划总投资 1210.93 万元，其中国家投资 400 万元，农牧民配套资金 600 万元，劳务投入 210.93 万元。项目实施以来，共计投入资金 676.4 万元，其中国家资金投入 151 万元，群众劳务投入 197 万元，自筹奶牛折合 302.4 万元，群众筹集现金 26 万元。目前，全县共计人工种草 18764 亩，其中连片规模化种植紫花苜蓿 9137 亩、披肩草 5619 亩，套种和零散种植箭舌豌豆 4008 亩。共计购草籽 69665 斤，引进奶牛 32 头，群众配套奶牛 1512 头，打机井 2 口，购买橡胶管 109 米、网围栏 13200 米、水泥桩 200

根，改造中低产田 7902 亩，平整土方 39.4 万立方米。

2. 效益分析

目前饲草奶牛项目已部分完成，经济效益初步显现。我们调研得知，现在奶牛产奶量平均每天每头 15 斤，每头每年平均产奶 285 天，市场价格平均为 1.8 元/斤，每头奶牛每年仅产奶一项就为农牧民创收 7695 元。项目目前共拥有奶牛 1544 头，怀胎率为 80%，算上牛奶 5% 的损耗，预计全年可为群众创收 900 余万元。奶牛生产的牛犊，按照 1500 元/头的价格计算，全年可创收 140 余万元。以上两项共计创收 1040 万元，除去总投资 676.4 万元，实际纯收入 363.6 万元。

（二）以藏鸡养殖为主的禽类养殖产业

1. 实施概况

2004 年，山南地区农牧局驻岗堆农牧结合点工作组扶持养鸡专业户 1 户，全年养鸡 2.1 万只，成活 1.6 万只，成活率为 76.2%；贡嘎县在杰德秀镇扶持养鸭基地 1 处，养鸭专业户 3 户，养鸭 9012 只，成活 8117 只，成活率为 90.07%；在杰德秀镇、朗杰学乡扶持养鸡专业户 100 户，养鸡 3 万只，成活 27130 只，成活率为 90.43%。通过 2004 年的试点平台，确定了在贡嘎县进一步发展藏鸡、肉鸡养殖业的思路。2005 年起，山南地区农牧局开始实施以藏鸡养殖为主的禽类养殖项目，贡嘎县为主要实施县之一。2005 年该项目国家资金到位 65.5 万元；群众劳务投入及配套投入达 150 万元。截至 2005 年底，全县按照"以农带牧，以牧促农，农牧结合，协调发展"的思路，种植油菜、白菜、豌豆、萝卜等作为饲料，在岗堆镇、甲竹林镇、吉雄镇、杰德秀镇、朗杰学乡 5 个乡（镇），共建成年养鸡规模 1 万只以上的大户、联户 21 户，新建散户 200 户；发放鸡苗91290 只，成活 80244 只，成活率达 87.9%。

2. 效益分析

以藏鸡养殖为主的禽类养殖产业其效益在于：（1）养殖藏鸡、肉鸡等，每只鸡约创收 30 元。仅 2005 年一年就销售成鸡 15 万只，为群众创收 450 万元。（2）由于饲养管理方法科学，大大缩短了禽类出栏周期，由以往的 5~6 个月缩短到 3~4 个月，一年至少可以出栏三批，加快了资金流通和赢利空间。（3）通过饲养禽类，平均每只鸡可转化大约 10 斤粮食，加快了多余粮食的转化。（4）扶持藏鸡养殖业，有效地保护和开发了当地藏鸡品种资源，促进了藏鸡这一特色禽类养殖产业的发展，增强了畜牧业可持续发展能力。此外，通过禽类养殖业，增加了劳务输出，目前全县从事与禽类养殖、市场销售相关工作的农牧民已达663 人。

（三）优质青稞产业

1. 实施概况

优质青稞项目于 2001 年 11 月 20 日开工建设，2003 年7 月 20 日完工。目前该项目完成投资 300 万元，其中国家投资已到位 250 万元，地方劳务配套 50 万元。共建成高产稳产田 1.2 万亩，完成进水口 2 座，田间渠系整治 57.59 万米，改善灌溉面积 1.68 万亩，改造中低产田 0.7 万亩，平整土方 19.57 万立方米。2006 年通过建设二级种子田和大田良种推广途径，全县共建设"藏青 320"二级种子田 3554亩，大田良种推广"藏青 320"2.74 万亩。

2. 效益分析

通过"良种化工程"，大大提高了全县青稞品质、产量和种植技术，使全县青稞平均单产由 450 斤/亩提高到 550 斤/亩，每亩单产平均增加 100 斤。按青稞市场价 1.2 元/斤计算，每亩比普通青稞增收 120 元。

（四）优质大蒜产业

1. 实施概况

优质大蒜产业涉及 4 个乡（镇）的 150 余户农户，共计投入资金 20.87 万元，于 2005 年 9 月 29 日开播。共播种优质大蒜 388 亩，调运蒜种 8.1 万斤。投入化肥 1.42 万斤，有机肥 125.13 万斤，地膜 75 圈，网围栏 18 圈，铁丝栏 13 圈。

2. 效益分析

目前，共计收获蒜薹 4.5 万斤，通过政府引导批发和个体零售等方式共销售蒜薹 3.67 万斤，平均销售价格为 1.4 元/斤，户均收入 342.5 元。蒜头单产为 1500 斤，全县 388 亩优质大蒜基地可收获蒜头 58.2 万斤。按 1.5 元/斤计算，收入 87.3 万元。此外，大蒜可在当年的 6 月中旬全部收完，剩余时间可复种芜根、紫花苜蓿、早熟青稞等作物。以复种芜根计算，单产 2000 斤，单价为 0.23 元/斤，388 亩土地可再收入 17.8 余万元。如种植紫花苜蓿，可转化为牛羊饲料，同时可以提高土壤肥力，为来年增产创造有利条件。

三　农业科技推广中存在的问题

目前该县在农业科技推广中还存在以下问题。

（1）由于缺乏资金和技术人员，导致农技推广体系不健全，特别是乡镇基层体系还有待健全，科技服务能力不强。据了解，目前杰德秀镇没有专门的农业技术人员，当需要对农牧民进行技术指导时，则由镇上的工作人员担当技术人员，技术指导的专业性令人担心。

（2）乡村农民技术员待遇太低。一年仅 135 ~ 444 元，致使大部分年轻人不愿加入农技推广服务体系中来，导致农技推广服务人员出现断代现象。

（3）基层技术人员文化程度相对较低。乡村兽医人员中，最高学历为初中，绝大部分为小学文化。而且多数缺少系统专业培训，相应的专业基础知识和现代科学技术知识薄弱，加之经费不足，给每年的农牧技术培训工作带来一定的困难。这造成乡镇农技后备队伍面临青黄不接的局面，严重影响农技推广事业的发展。

（4）农技人员知识结构单一，综合业务素质较低，与新的形势不相适应。面对广大农牧民调整种养结构、发展效益农业的新要求，许多农技人员知识储备不够，技术更新不快；对农业新品种、种养技术、加工技术等不熟悉、不内行；对农民迫切需要的市场行情、产前产后服务无能为力，不能满足发展效益农业的需要。

（5）农技服务方法、手段滞后。不少乡镇农技人员的服务方法和服务手段还停留在 20 世纪 60 ~ 70 年代的水平上，靠双腿走村串户，一张嘴巴、一支钢笔、一本簿子搞服务，缺少试验基地、必要的科研设施与信息网络。

（6）缺少科研试验和推广示范经费。由于没有必要的设备、设施及经费的保障，两站根本不能做到先试验、后大面积推广，这极大地影响了新品种的推广速度。

第四节 农牧业服务体系

通过调研得知，目前杰德秀没有独立的农业服务机构，为了解农牧业服务体系状况，我们对贡嘎县农牧局进行了调研。

一　机构设置、人员编制和工作条件

贡嘎县农牧局为正科级单位，下设农业技术推广站、兽防站。全局（包括两站）共有工作人员25名，其中农牧局13名，推广站6名，兽防站6名。

贡嘎县农业技术推广站编制6人，现有技术人员3名，其中高级职称1人（中专文凭），另有2名文秘人员（均为大专文凭），1名司机，平均年龄28岁。乡镇农民技术员69名，其中3人为初中文凭，其他均为小学文凭，平均年龄39岁，每人年工资135元，人均服务播种面积为1107.6亩。

兽防站编制6人，现有技术人员4人（本科2人、大专1人、中专1人），其中中级职称者1人，初级职称者1人，无职称者2人，平均年龄30岁，均为兽医专业毕业，另有司机1名，仓库保管员1名。乡（镇）级的兽防站仅有东拉兽防所1个，其他乡（镇）均由科技副乡（镇）长负责主持当地农牧业技术工作。全县乡镇畜牧兽医共108人，均为小学毕业，平均年龄50岁，每人年工资384~444元，人均服务牲畜2046头。

二　服务体系建设

（一）中介组织

目前贡嘎县中介组织还处于萌芽阶段，未来中介组织的发展重点在于以下三种类型。

（1）民间合作型。这种模式主要是指各地广泛兴起的农村专业技术协会，其特点是以农民或种植大户、营销大户为主体，按照自愿、民主、互利、平等的原则自主入会，由农民自己组织起来的自我管理、自我服务的群众性互助合作组织。

（2）综合服务型。这种形式主要由农牧局主导，及时、快捷、免费为广大农民提供生产、技术、信息和农村政策法规等综合服务。

（3）公司（企业）＋农户型。这种形式是靠农牧业龙头公司（企业）带动，以市场为导向，组织引导农户通过基地进行生产，龙头带动基地、基地连农户、农户连公司，形成产、供、销一条龙的专业性生产经营体系。目前贡嘎县已就油菜销售与西藏达氏集团形成长期稳定的合作关系。

（二）农村合作经济组织

目前，农牧区合作经济组织在全县有了初步发展，使农牧产品竞争力得到增强，农科技术得到共享。农村合作经济组织主要有两种形式。

（1）农牧业综合服务组织。发展农牧业要以市场为导向，以提高农业综合效益为目的，以合理配置资源为基础。

贡嘎县围绕支柱产业优化组合各种生产要素，逐步形成市场促产销、产业带基地、基地连农户，集种养加、产供销于一体的农牧业生产经营体系。目前，有县一级综合服务站 1 个（红星蔬菜基地综合服务站，红星蔬菜基地有菜农34 户）。

（2）农产品协会。2005 年 7 月 14 日，杰德秀镇 32 名养鸭户在援藏技术人员的帮助下，在县农牧局和县农发办的支持下，成立了镇养鸭协会，推举出了 5 名养鸭经验丰富、市场信息灵通的鸭农担任协会理事。目前，该镇已养殖肉鸭 3.6 万只，还有许多农牧民在新建鸭舍，申报养鸭。养鸭协会的成立，对贡嘎县其他养殖农户触动很大，在该协会的影响下，有部分养殖户、种植户有成立相应合作组织的意向。

（三）经纪人队伍

由于改革的深入，农牧区分散生产的农牧户和市场之间的矛盾日益突出，贡嘎县大部分农牧民生产的产品存在销售难的问题。贡嘎县结合实际，大力帮助扶持农牧区经纪人，调动经纪人的积极性，充分发挥经纪人的桥梁纽带、信息传送、技术指导作用，逐渐形成了"公司＋经纪人＋农牧民"的成熟模式。目前，全县共有经纪人 45 人，平均年龄 48 岁。

第四章 社会发展

第一节 人口

一 男女比例

杰德秀居委会现辖 9 个村民小组，现有村民 575 户，共 2242 人。其中女 1190 人，所占比例为 53%；男 1052 人，占 47%。全村共有党员 40 人，其中男 35 人，女 5 人。

二 年龄比例

由于缺乏准确的年龄统计资料，根据杰德秀镇政府的资料，我们只能大致估计出该村的年龄结构。0~14 岁人数所占比例为 40%，15~64 岁人数所占比例为 55%，65 岁及以上人数所占比例为 5%（见图 4-1）。

三 人口特征

由调研可知，杰德秀居委会人口有如下特征。

（1）由人口停滞态势转变为增长。我们了解到，杰德秀居委会在 1951 年之前人口增长基本处于停滞状态，或者有时出现负增长态势。1951 年后人口增长较快（见表 4-1），1998 年人口年均增长速度达到了 1.82%，这主要得益

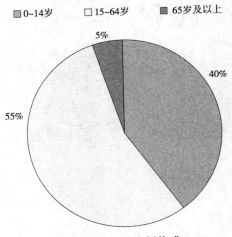

☐ 0~14岁　☐ 15~64岁　■ 65岁及以上

图 4-1　年龄比例构成

于其经济的快速发展，以及生活条件的改善。

表 4-1　杰德秀居委会人口增长速度

单位:%

年　份	平均每年增长
1951	—
1959	0.92
1965	3.10
1990	1.92
1998	1.82

资料来源：课题组调研。

（2）婴儿死亡率和孕产妇死亡率大幅度下降。婴儿死亡率和孕产妇死亡率指标是衡量居民健康水平、社会经济及卫生服务水平，特别是妇幼卫生服务质量的重要指标。据了解，目前杰德秀居委会的婴儿死亡率大约为5‰，孕产妇死亡率约为1‰，比以前大幅降低。这主要是因为杰德秀居委会所处位置交通便利，加之经济发展相对较好，使得其婴儿死亡率和孕产妇死亡率较之以前有大幅下降。

（3）平均预期寿命不断提高。1951年，杰德秀居委会的平均寿命仅为40岁，到1990年已延长到59岁，1995年又比1990年延长1岁左右。即1951～1995年间，平均寿命延长了20岁左右。我们在杰德秀居委会看到了一位81岁高龄的老人，名叫平错顿郁（见图4-2）。他告诉我们，中华人民共和国成立前他在地主家当佣人，中华人民共和国成立后自己家分了土地，一直在家里干农活，20世纪80年代初开始做氆氇、围裙生意，以前不敢想象能活那么大年纪，现在生活条件、医疗条件好了，寿命越来越长。

图4-2　平错顿郁老人（2007年3月23日　郑洲摄）

老人还向我们展示了衣服上的长寿标志（见图4-3）。杰德秀镇政府人大副主席罗布仁青告诉我们，在西藏高原，由于特殊的地理、气候原因，80岁的老人很少，因此对80岁以上的老人，自治区政府将为其颁发《寿星证》，同时给予80岁以上的老人健康补贴。补贴标准为：

100 岁以上的老人，每人每年可享受不低于 800 元的健康补贴；90 ~ 99 岁的老人，每人每年可享受不低于 500 元的健康补贴；80 ~ 89 岁的老人，每人每年可享受不低于 300 元的健康补贴。

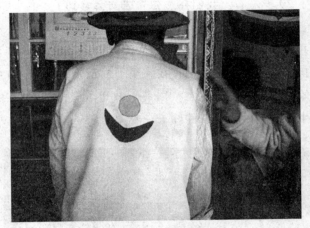

图 4 - 3　老人衣服上的长寿标志
(2007 年 3 月 23 日　郑洲摄)

四　人口的控制

目前家庭孩子数量少于上辈。尽管村中的人认识到后代的重要性，但现实中还存在着必须限制人口的因素。儿童的劳动能够对家庭经济作出贡献，这是事实；但抚养的孩子过多，也会成为家庭沉重的负担。随着计划生育工作的开展，当地农牧民也充分认识到了少生优育的重要性，这是目前家庭孩子数量少于上辈的主要原因。

我们还发现了这样一个事实，即经济条件较好的家庭，子女在外读书以及上大学的比例要比一般家庭高得多。

第二节　社会分层

一　概述

在消费过程中，没有必要把该村的农牧民进行分类，但在生产过程中，则有职业上的区别。根据该村的就业状况，我们将职业分为 4 类，即农业、商业、纺织业、其他。

这些职业类别并不是互相排斥的。没有被划入农业的人也可能参与部分的农业活动。除去无地的外来人口以外，对几乎所有农牧民来说，农业是共同的基本职业。区别仅仅在于侧重点不同而已。被划归为农业的人并不止依赖于土地，他们还从事养殖、纺织邦典、氆氇以及经商等副业。其他职业中包括外出打工，以及没有收入来源依靠政府救济的人。

以上的划分主要针对家庭职业而言的，即根据家庭主要收入以及一家之长的重要收入而定的，而家庭的成员可以从事不同的职业。例如，店主的孩子可能外出打工，妻子可能在家纺织邦典和氆氇等。

从我们入户调研的 50 户看，他们的职业构成大致如表4－2 所示。

表 4－2　职业构成

类　型	户数（户）	所占比例（％）
农　业	26	52
商　业	5	10
纺织业	13	26
其　他	6	12
合　计	50	—

资料来源：课题组调研整理。

　　表 4 - 2 清楚地说明，在 50 户家庭的职业构成中，农业位居主体，所占比例为 52%；其次是纺织业，占 26%；第三是从事商业的家庭，占 10%；属于其他类的有 6 户，占 12%。

　　值得说明的是，50 户家庭中，收入较高的有 15 家，收入一般的有 20 家，收入较差的有 15 家，所占比例分别为 3∶4∶3。由于所选家庭数量有限，上述职业构成情况不一定能准确代表总体情况，但它和我们预测的情况一致，即对杰德秀居委会而言，农业仍是位居首位的，纺织业在家庭收入中的贡献仅次于农业。因此，用上述分析结果反映杰德秀居委会的职业分化情况是具有一定合理性的。

二　商业占主导地位的家庭

　　我们对商业占主导地位的家庭进行了进一步分析。从上面的分析可知，家庭职业或家庭收入来源为商业的有 5 户，所占比例为 10%（见表 4 - 3）。

表 4 - 3　5 户以商业为主的家庭

单位：家

细　分	数　量
服装店	2
杂货店	1
餐　馆	1
氆氇代理商	1

资料来源：课题组调研。

　　氆氇代理商名叫普布次仁，以前做过围裙的生意，现在主要是做氆氇生意。主要工作是将村里的氆氇集中收起来，然后统一到拉萨出售（见图 4 - 4）。他主要负责收购，弟弟在拉萨专门负责销售。氆氇收购价格在 400 ～ 2000 元不等，主要是看质量而定，冬天价格贵一些。卖价也在 800 ～ 3000 元不等。收购足 100 卷就去拉萨卖，淡季一个月 1 次，旺季一个月 2 ～ 4 次，一次带 200 卷。

图 4 - 4　普布次仁家收购的氆氇（2007 年 3 月 25 日　郑洲摄）

普布次仁说，家里没有车，氆氇收购足了就交给货车司机，带给拉萨的弟弟，一般一车收费 15 元左右。弟弟在拉萨摆摊销售，摆摊场地费一天 1 元钱。这主要因为是特色产业，所以政府有照顾，比较优惠。普布次仁说，目前商业街就他 1 户做代理收购，但偶尔也会有外村的人到街上来收购，为了竞争货源，他会提高收购价格。为了维护手工业发展，价格比较稳定，如果资金允许，他还打算拓宽市场。家里一年氆氇收入在 10 万元左右，除去必要的生活费用及其他开支，一年的纯收入在 4 万元左右。

服装店老板嘎日告诉我们，做生意的房子是以前集体地时就分给他们的，因为那时候居委会鼓励做生意，店面

有 16 平方米。除了大女儿在华中师范大学读书外，目前全
家人一起做生意，有一个小儿子辍学在家做生意，主要是
小孩自己不想上学。农村需要什么，他们就从拉萨买回来
再卖给村民，商店里主要是围裙、氆氇以及其他服装。商
店的年销售收入 7 万元，除去开支，利润在 2.5 万元左右。

我们调研发现，从事商业的 5 户家庭年收入都在 5 万元
以上，并且他们具有以下一些共同的特征。

（1）上述 5 户人家都住在康鲁商业街上，拥有良好的
区位优势；（2）和从事其他职业的家庭相比，他们都属于
村庄里的上等户；（3）一般家庭的全部人口都从事商业，
即职业的专业化程度更强；（4）基本不从事农业。5 家中有
3 家将土地包给其他农户耕种，耕种他们土地的农户不需要
向他们缴纳粮食；有 2 家耕种少量的土地，但一般是请人耕
种，自己不耕种。

总体而言，杰德秀居委会现有的职业分化与家庭的经
济状况密切相关。一般而言，从事商业的家庭收入较高；
其次是以纺织业为主的家庭；接着是农业和其他收入的家
庭；在其他收入家庭中，大部分属于没有收入来源的特困
户和五保户，但是也有从事打工而家庭收入较高的，但是
打工收入是不稳定的。

第三节　家庭

家庭是农村中的基本社会群体。这个群体的成员占有
共同的财产，有共同的收支预算，他们通过劳动分工过着
共同的生活。

除以家庭为基本单位外，村中更大的社会群体是由若

干家庭根据不同的亲属、地域等关系组成的。调研中我们发现，该村由个人成员组成的社团很少，而且占次要地位。

一　姓氏

西藏民族在历史的发展过程中，逐渐形成嘎、珠、扎、冬四大姓氏，在其他一些史籍的记载中将色、慕、冬、党列为原始的四大姓氏，然而一般认为色、慕、冬、党都包括在嘎、珠、扎、冬四大姓氏之中。

一些文献还记载西藏的六大姓氏，即除了四大姓氏之外，还加上韦、达两个姓氏。根据《中藏史集》等的记载，韦、达两个姓氏的人多分布在西藏边界处。据考证，韦、达两姓氏的后代多已经被西藏东部和东北部的汉族和其他民族所同化而不复存在。因此就目前仍保持民族特性的西藏民族而言，主要是由嘎、珠、扎、冬四大姓氏所组成。

在佛教未大倡于西藏之前，西藏人普遍地使用姓氏，但是随着佛教的传入，众生平等的观念使西藏人不再重视血统。这样，一些在原来可能象征高贵的姓氏就失去了意义，再加上西藏佛教强调对自己上师的绝对忠从，因此很多佛教徒为自己起名时舍弃姓氏而采用上师的佛号。

藏人的名字有着深刻的内涵，寄托着人们的思想感情。每个名字意味深长，丰富多彩。农牧民告诉我们，婴儿出生后，一般都是请活佛赐名，婴儿的名字中一般前两个字是赐名活佛姓名的一部分，从一个人的名字中听不出他属于什么姓氏，只能大概地了解其为某上师的学生或是信徒。

刚到杰德秀时，次吉书记便向我们介绍了他的名字："我是大年初一生的，因此取名次吉。"

据次吉介绍，家里婴儿出生后一般都要请活佛给孩子取名，并以此为荣。请不起活佛的家庭，便以出生日子或星期取名，因为西藏历算中以尼玛（太阳）、达瓦（月亮）、米玛（火星）、拉巴（水星）、普布（木星）、巴桑（金星）、边巴（土星）七个星名排列，与西方的七天一周相同。因此星期天（日曜）出生的叫尼玛，星期一出生的叫达瓦等。今年（2007年）40岁的丹巴达杰给刚出生的女儿取名格桑梅朵，藏语的意思是"好时光之花"。而他自己的名字是一位活佛起的，藏语意为"佛运昌盛"。

藏人名字一般都是男女有别，前两字男女共用，男女区分是后两个字。后两个字为络绒、扎西、多吉、呷玛、邓珠、曲批、降央、降措、登巴、彭措等的为男性名字；后两个字为志玛、拉姆、拉忠、拉措、拥忠、曲措、拥青、曲珍、麦朵等的则为女性名字。

杰德秀居委会干部告诉我们，过去西藏医疗无保障，婴幼儿死亡率高，人均寿命只有35岁左右。因此，无论男孩女孩，父母都喜欢给他们取名"次仁"，藏语意为"长寿"。有的甚至取"吉加"（狗屎）、"帕加"（猪屎）等贱名来避邪。

随着西藏人民生活逐渐富裕，他们也用名字表达对美好生活的憧憬。如德吉，藏语的意思是"幸福"；班觉，藏语的意思是"富裕"等。随着知识经济时代的到来，一些表示类似寓意的名字开始出现在学校的花名册上，如云丹罗布，藏语的意思是"知识之宝"；云丹晋美，藏语的意思是"知识无畏"。尽管名字只是代表一个人的符号，但是从西藏人民对取名的重视中，我们看到了他们所寄托的丰富感情和美好愿望，以及对孩子的珍爱之情。

为了称呼方便，男女名字均可简称，一般简称法有三种。

（1）用第一、三个字简称。男名如次仁扎西称次扎，单真曲批称单曲，彭措扎西称彭扎，益西多吉称益多；女名如扎西拉姆称扎拉，降洋拉措称降拉，志玛曲忠称志曲，格绒拉措称格拉，巴登拉姆称巴拉等。

（2）用第一、四个字简称。如，扎西罗布称扎布，次仁罗布称次布等。

（3）两字做简称的极为普遍。男女可用前两个字，也可用后两个字。如罗绒达瓦，可简称罗绒，也可简称达瓦；女名一般都用后两字做简称。因为四个字中的前面两字男女共用，后两个字才是区分性别的，如扎西拉姆，简称为拉姆；如果简称为扎西，你就无法通过名字确定是男还是女。

二　家族

前面已经提到，当地农牧民家婴儿出生后，一般都是请活佛赐名，从一个人的名字中听不出他属于什么姓氏，只能大概地了解其为某上师的学生或是信徒。

很多佛教徒为自己起名时舍弃姓氏而采用上师的佛号。天长日久，一些藏人已经不知道自己的姓氏而只知道自己的房名。所谓的房名，并不是姓氏，因为某个家族死绝，其房产等由另一个毫不相干的人继承，则这个人还会继续使用原来的房名，但前后使用同一个房名者之间却没有任何血缘关系。

我们调研了解到，该村没有文字记载的家谱，对家族的记忆并不准确。

三　家庭

家庭，强调了父母和子女之间的依存关系。它给那些丧失劳动能力的老年人以生活保障，它也有利于保证社会的延续和家庭成员之间的合作。

1. 家庭规模

调研中我们发现，大多数家庭都是三代同堂，住有老、中、少三代人。对于这类家庭，家庭人数基本都在 6 人左右，超过 10 人的大家庭较少。此外，还有部分家庭只住有两代人，一般家庭人数在 4 人左右。在家庭的总数中，我们发现人口总数超过 8 人的不到家庭总数的 1/10。

2. 家庭类型

杰德秀居委会常见的家庭类型是，以一对已婚配偶为核心，孩子及包括依赖于此家庭的亲属。事实上，占总数 58% 的家庭都属于此类。但并不是每一个家庭都有一对已婚配偶，有时候，在一个妇女丧夫之后，她就和她的子女一起生活，而不去加入另一个家庭单位。我们在调研中发现，也有这样的情况：一家几个兄弟姐妹都没有结婚，他们便生活在一起，相依为命。从其他农村的调研来看，也同样存在一定数量的家庭类型。

3. 扩大的家庭

我们常说的家庭，基本上包括子女甚至成年或已婚的子女。之所以说家庭是一个扩大的家庭，主要是因为子女结婚后并不和他们的父母分居，因而把家庭扩大了。但是在一定的经济条件下，这个群体本身无限的扩展可能是不利的，在扩展的过程中，其成员之间的摩擦增加了，家庭是会分开的，即所谓"分家"。

4. 家庭分工

户是基本经济单位，但是在一户中并不是全体成员都参加农业劳动，孩子只是有时候到田地里去，女人完全到农田里干活的很少。一般而言，农业主要是男人的职业。男人和女人的这种劳动分工是该民族手工业村的一个特点。一方面，家庭的妇女一年基本都在忙着编织氆氇和邦典；另一方面，氆氇、邦典的收入可与农业收入相比拟。农业劳作完毕，男人便会去县城或者拉萨打工，农忙的时候再回来。

四 子女在家庭中的贡献

我们调研了解到，在该村家庭中，子女的经济价值是很重要的。孩子很早就开始为家庭福利作出贡献，他们常常在 10 岁左右就开始帮助家庭干活。女孩在日常家务劳动以及纺织邦典和氆氇等方面是有用的。再者，孩子长大结婚后，年轻的夫妇便代替父母承担起田地及家庭中的负担。当父母年老而不能劳动时，便由子女们来赡养。从这个意义上说，孩子是老年的保障，即所谓"养儿防老"。在农村社会保障体系没有健全的情况下，"养儿防老"是该村普遍的保障方式。

那些没有子女的老人，到了无法劳动的时候，除了一部分老人由他们亲戚负担外，余下的老人便由政府来负担。杰德秀居委会为改善 17 户孤寡老人居住条件，以及为解决他们无人照顾问题而修建养老院的事实便说明了这种情况。

五 家庭财产分配

调研发现，家庭的财产并不是平等地传递给每个子女的，也不是把重点放在男性这边。由于女孩结婚后，也可以不离开父母，因此该村在继承财产方面没有明显的性别区别。巴桑现在和6个子女一起居住，他告诉我们，他家的财产现在还没有决定分配给谁，主要是看谁最孝顺，就分给谁。

六　居住模式

西藏男女结婚之后，只要符合特定的社会等级规范，如何选择婚后居住方式有较大的自由，嫁女赘男同样普遍，而且不存在社会偏见。

从杰德秀居委会的调研情况看，男女结婚之后，有从夫家居、从妻家居、自立门户和其他四种形式（见图4－5）。

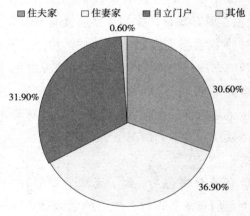

图4－5　婚后居住方式

由图4－5可知，婚后从夫家居、从妻家居和自立门户三种主要居住方式所占比例相差不大，都在30%～37%之间，其中住妻家所占比例为36.9%，住夫家的比例为30.6%，自立门户的比例为31.9%。

第四节 婚姻与亲属关系

一 婚姻

1. 婚姻家庭制度概况

杰德秀居委会婚姻制度具有男女平等、生男生女同样传家继业的特点。一般而言，家庭子女中的老大，无论是男是女，他（她）就有继承家业、赡养老人之权利和义务。但更多的是最年长的男孩子当家，其余弟妹到结婚年龄时，男者上门女者出嫁，还可以出家为僧尼。据当地农牧民反映，也有终身不婚的，在家当舅舅（叔叔）和娘娘（姑姑），他们在家庭中不仅不受歧视，有不少还成为家庭的当家者、一家之主。侄儿侄女们对舅舅（叔叔）和娘娘（姑姑）的尊敬和爱戴程度往往超过亲生父母。因为他们终身不结婚，没有子女，但他们把毕生的精力都奉献给整个家庭，时时刻刻都为整个家庭的和睦团结、兴旺发达着想，因而受到全家人的尊敬和爱戴。

据当地农牧民介绍，子女中能力较弱者，有时因父母担心其外出会受人欺负而留在家中。在内地一些农村，上门女婿会受到歧视，为了解杰德秀居委会上门女婿是否受歧视，我们就此专门进行了调研。调研表明，杰德秀居委会上门女婿不受社会歧视。上门与出嫁，在他们的婚姻中是同一个道理。男方到女方家上门，就意味着他就成了整个家庭的一家之主，无论对内对外，他都是家庭的代表。因此，当一家庭中两姐妹到婚龄时，当哥哥的有时主动提出留妹妹在家招夫，他到别人家招赘女婿。父母也愿意这

103

样做，因为在藏人眼里，男到女家比女嫁男方要强得多，还能避免受欺负和婆媳不和之担忧。

2. 婚姻形式

该村婚姻形式是一妻一夫制。一夫多妻或一妻多夫现象在杰德秀居委会已不复存在，这和杰德秀居委会所处地理位置和经济发展水平相关。这说明当地农牧民的思想观念有了较大程度的进步。

3. 通婚范围

从调研情况看，该村通婚范围是相当有限的，主要侧重于地缘范围，一般在具有同一民族属性、同一文化背景与生活方式，甚至相同的习俗、相同的方言、相同的社会等级的男女中选择配偶。尽管当地也有少数人远嫁尼泊尔、不丹、锡金、印度，但这仅是少数特例。

由表4-4可知，杰德秀居委会的通婚范围主要是同村和同镇，两者所占比例为70%。同县通婚的比例为18%，同地市通婚的比例为10%，其他的比例为2%。这说明杰德秀居委会农牧民的通婚范围以在县内为主，而且同村、同镇的占相当大的比例，其原因主要在于同村同乡接触的机会相对多一些，往来方便，容易了解对方情况。

表4-4 杰德秀居委会农牧民通婚范围

单位:%

类别	杰德秀居委会内	杰德秀镇内	贡嘎县内	山南地区	其他
比例	40	30	18	10	2

资料来源：课题组调研整理。

就其通婚范围的总体发展趋势看，范围正在逐步扩大，跨越有限的地缘范围、民族范围、文化背景的通婚将被越

来越多的年轻人认同和接受。这一变化趋势，对于民族团
结、民族融合都具有积极的意义。

值得注意的是，在问及扩大通婚范围的态度时，持同
意态度的人占据主导地位。如表 4-5 所示，对于"只要两
人真心相爱，不同民族的人也可以结婚"这一态度的调查
结果显示，其中"非常同意"的比例为 9%，"同意"的比
例为 70%，两者之和达到 79%。持无所谓态度的占 9%。
不同意和非常不同意的比例为 12%。这说明杰德秀居委会
农牧民对于扩大通婚范围大多表示认同或接受。

表 4-5　对扩大通婚范围的态度

单位:%

态　　度	不同民族的人也可以结婚				
	非常同意	同意	无所谓	不同意	非常不同意
百分比	9	70	9	11	1

资料来源：课题组调研整理。

二　亲属关系

使得家中各成员联系起来的基本纽带便是亲属关系。
但是家庭并不把它自己只限制在这个群体之内。它扩展到
一个较广的范围内，并使亲属关系成为较大社会群体内的
联系原则。

当家庭中的子女长大，家中的家庭核心增大时，这个
群体就变得不稳定起来。这就导致分家。但已经分开的单
位，相互间又不完全分离。在经济上他们独立了，这就是
说他们各有一份财产，各有一个炉灶。但各种社会义务仍
然把他们联系在一起。他们常常住在邻近的房屋里，在日
常生活中关系比较密切。在第二代中，由于他们双方父母

之间的密切关系，儿辈之间也亲密相处。他们日常交往的密切程度，视亲属关系的远近和居住地区的远近而异。分家后兄弟们如果住得较远，相互帮助的机会就减少，下一代的兄弟姐妹也是如此。

前面已经提到，同父辈的兄弟姐妹中未结婚的，一般和其中一个兄弟姐妹一起居住；没有后代的，年老后一般由兄弟姐妹的子女赡养，这就是亲属功能的表现。假如兄弟姐妹的子女经济条件都不好，他们便只能通过政府的救济获得基本的生活来源。

对于姻亲关系而言，严格地说，这个村既不是外婚制也不是内婚制单位。不同村的人相互通婚的情况普遍存在。

三 亲属称谓

祖父和外祖父均称为波啦（爷爷），祖母和外祖母统称为莫啦（奶奶），父亲和岳父都称为爸啦（爸爸），母亲和岳母都称为阿妈啦（母亲）；其他凡属父亲方同辈的男性亲属统称为阿古啦（叔叔），女性均称为阿尼啦（姑姑）；对母亲方同辈的男性亲属一律称为阿乡啦（舅舅），女的则一律称为索姆啦（姨妈）。另外，平时人与人之间直呼其姓名，是不礼貌的行为。因此，总要在名字前后加上点什么，借以表示尊敬和亲切。在普通家庭中，除对长辈要用敬语称呼外，长辈对晚辈或同辈之间，是直呼其名的。

第五节 社会礼仪

一 婚姻习俗

1. 求婚和订婚

表4-6反映了现阶段杰德秀居委会农牧民的婚姻决定权及择偶方式的状况。

表4-6 婚姻决定权与择偶方式

单位：%

类　别	自由恋爱	他人介绍	父母包办	其他
百分比	50	40	9	1

资料来源：课题组调研整理。

从表4-6中可以看出，该村由自由恋爱形成婚姻的比例最大，为50%，由他人介绍的占40%，父母包办的比例为9%，其他的比例为1%。这说明杰德秀居委会农牧民的婚姻主要以自由恋爱为主，他人介绍也是重要的途径。

我们调研得知，当一对男女青年相爱以后，两人约定后由男方告诉自己的父亲，由女方告诉自己的母亲，两家父母在得知后就会相互进行商量。第一步就是占卜问卦，这是非常重要的一步，如果结果相合则视为有缘分，接着就是订婚。如果占卜结果为相克，双方家庭还可以进一步询问是否有办法通过一定的宗教仪式或程序转化相克的运，一般而言，总是有一定途径可以转运的；但如果是没有可能改变相克的运，则被视为无缘分而不能订婚，这常常成为许多情侣无法结连理的主要原因。

2. 结婚

如果双方满意，则还要商讨是女方出嫁还是男方入赘或是另组建小家庭等具体事宜，这些谈好就确定结婚日子。

就婚姻礼俗，基本情况如下。

（1）在迎亲交通工具方面，有马队，也有手扶拖拉机、大卡车、面包车、吉普车、小轿车，或者多种交通工具兼而有之。

（2）在婚宴食品方面，有藏式青稞酒、酥油茶、糌粑，也有汉式菜肴喜宴及啤酒、饮料、点心等现代饮食，而且年青一代更钟爱后者。

（3）在婚礼庆典娱乐活动方面，既有传统歌舞、藏戏、说唱，也有电视、录像、电影、流行歌曲、现代交谊舞。

（4）在新房装饰方面，既有唐卡、经幡、神像、圣人像，也有现代工艺装饰品，还有现代影视歌舞明星的俊男美女像，有的甚至贴上印度美女、香港明星的张贴画。

从对杰德秀居委会的调查情况看，男女结婚之后，有从夫家居、从妻家居和自立门户三种主要形式（见表4-7）。

表4-7　婚后居住方式

单位：%

类　别	住夫家	住妻家	自立门户
百分比	33	36	31

资料来源：课题组调研整理。

由表4-7可知，婚后从夫家居、从妻家居和自立门户三种主要形式居住方式所占比例相差不大，都在31%～36%之间。其中住妻家所占比例为36%，住夫家的比例为33%，自立门户的占31%。

3. 离婚

为了解离婚的程序和农牧民对离婚的态度，我们专门对杰德秀居委会进行了调研。从调研结果看，其离婚自由，手续也比较简单。一旦双方感情破裂无法调解时：一是通过内部协商就此分手，所生子女协商分配，双方均可另找对象；二是经村中的头人裁决离婚；三是周围的亲朋好友裁决离婚，离婚时，男方（女婿）、女方（媳妇）可将其结婚时所带来的一切财产带走，也可留给子女。同时，双方家庭对他们给予适当补偿。从人们对离婚的态度看，离婚人（无论男女）不受歧视，离婚人（无论男女）再婚，不会有非议，但也一般不再举行隆重的婚礼。

二　丧葬习俗

藏族的葬仪分塔葬、火葬、天葬、土葬、水葬、复合葬六种形式。

1. 塔葬

塔葬是藏族的最高葬仪。享受这种葬礼的仅限于达赖、班禅或其他大活佛。大活佛圆寂后，遗体用各种名贵药材及香料反复脱水，晾干后用绸麻包裹，装入灵塔内永久保存。灵塔分金、银、铜、木、泥多种，根据活佛的地位高低而定。达赖、班禅圆寂后要建金灵塔，而甘丹、赤巴圆寂后只能建银灵塔，灵塔存放在各寺院里。

2. 火葬

火葬是仅次于塔葬的高级葬仪，只限于活佛和大喇嘛使用，其他死者不得享受此种葬礼。火葬时将遗体捆成坐姿并固定于木架柴堆上，由喇嘛念经超度死者灵魂，同时在柴堆上洒油点火。焚尸完毕，将骨灰带到高山之巅顺风播撒，或撒在江河之中。

3. 天葬

天葬，就是将死者的尸体喂鹫鹰。鹫鹰食后飞上天空，藏族则认为死者顺利升天。天葬在天葬场举行。人死后，停尸数日，请喇嘛念经择日送葬。出殡一般很早，有专人将尸体送至天葬场。天葬师首先焚香供神，鹫见烟火而聚集在天葬场周围。天葬师随去，按一定程序肢解尸体，肉骨剥离。骨头用石头捣碎，并拌以糌粑，肉切成小块放置一旁。最后用哨声呼来鹫，按骨、肉顺序喂食，直到吞食净尽。

4. 土葬

土葬本是藏族原始就有的葬仪，但天葬盛行以后，藏族认为土葬者不能转世而很少使用。土葬目前主要在四川甘孜和阿坝藏族自治州部分地区流行。德格县城一带葬地比较固定，葬坑为深约 1.5 米的圆锥形，下撒五谷，尸体用布包裹，接着用土打紧填埋，不能垒坟堆，上面放一块刻有咒经的玛尼石，插上经幡，葬仪即告结束。

5. 水葬

水葬主要有两种形式。其一是整尸抛入江河之中，甘孜雅江扎巴地区盛行此俗。一般是两人送葬，将尸体背至水深急流之处抛入江中，并在入水处熏烧糌粑，葬仪即告结束。其二是雅江日依一带，人死后马上在腰际上砍一刀，然后头脚相叠捆好，放入背篼丢入河中，如甘孜德格龚垭地区的水葬。出殡多在夜晚，葬地选在水势呈海螺纹旋绕的水域。送葬地有一木墩，尸体首先被置于墩上，用斧按关节从上到下肢解，砍一块抛一块，最后连砍斧、尸袋及四周血土一并投入河中。甘孜绒坝岔在水葬时讲究尸体的放置，男的卧式放置，女的仰面放置。

6. 其他

藏族幼儿夭亡，一般不举行葬礼，而是把尸体放入陶罐后扔进江河之中，也有的把陶罐长期存放于库房之内。

杰德秀居委会农牧民的丧葬方式主要是天葬。据当地农牧民介绍，天葬师把尸体背朝上放在一块大石头上，一手拿刀，一手拿钩子。从脊背处将人的尸体划开，再用钩子把肉一块块地钩下来。完成后，让秃鹫来吃。秃鹫吃完一个人的肉只要三分钟的时间。吃完后，它们就飞上天空。这时候，天葬师就要把人的骨架肢解，砸碎，再让秃鹫来吃，这次最多只要一分钟的时间就吃干净了。秃鹫飞上天的一刹那间，人们就会认为，死者的灵魂已经得到超度了。

藏族人的死亡观念和汉人有很大的不同。亲人去世，他们不会悲痛，相反还会为逝者感到高兴。他们认为，死者已经受完了人间所有的苦，到了极乐世界，如果生前积德行善的话，还会超度或者转世得更好。所以他们在举行天葬时，只是围坐一圈，一边喝酒，一边聊天，绝对不号啕大哭。他们的宗教信仰认为哭声会使死者留恋人间，不能得到超度。他们还会把所有和死者有关的东西全部烧掉，让这个人彻底在人间消失，就好像从未来过一样，这样才是"圆满"的。

三　人生礼仪①

1. 出生

"出生"藏语叫"旁色"，"旁"是污浊的意思，"色"

---

① 资料来源：http：//www. moon – soft. com/program/bbs/readelite997604. htm；http：//blog. 3608. com/article/12890. html。

是清除，也就是说清除晦气的活动。藏族认为，小孩出了娘胎，会带来许多污浊和晦气，举行这个仪式，便是要为孩子清除污秽，预祝健康成长，同时，也祝产妇早日康复。据有关学者考证，"旁色"仪式从1500多年前苯教时期流传下来，是由苯教的一种祭神方法演变而来的。小孩子生下来的第三天（女孩是第四天），"吉度"户便要前来参加"旁色"活动。他们带的礼物是青稞酒、酥油茶、肉、酥油、礼金及给小孩的衣物等。客人进屋后，先给父母和襁褓中的婴儿献上哈达，然后敬酒、倒茶并献礼，最后端详初生婴儿，对孩子说些吉利祝愿的话。有些农户还为前来给婴儿除秽的亲友举行汤饼宴。"旁色"结束后，便给孩子取名。取名是件郑重的事情，一般请活佛赐名。

2. 满月

孩子满月之后，选择一个黄道吉日，举行出门仪式。这天小孩要换装，一般从家门出去往东走，以图吉利。有的第一天到寺庙朝佛，目的是祈求佛保佑新生儿一生平安。孩子第一次出门，往往在婴儿鼻尖上擦一点锅底的黑灰，意思是使婴儿在出门时不被魔鬼发觉。

3. 成丁礼

藏族女子至十六七岁便要择吉日举行成丁礼仪式。这天家长要请一位生年属相好、父母双全、有福气的同龄女性，给姑娘梳两条辫子（卫藏地区的幼女都梳一条辫子，成年后就改梳两条辫子，戴邦典，表示到了成婚年龄），戴上巴珠头饰，围上邦典，然后由父母、亲友及来宾向姑娘献哈达表示祝贺。仪式结束后，姑娘在三四位亲友陪同下，前往寺庙朝佛，回来后摆宴招待亲友来宾。成丁礼之后，姑娘就可参加男女之间的社交，并可行婚嫁之事。

四　节日礼俗

表4-8列出了一年中的所有节日。

表4-8　节日礼俗

月份	节日
一　月	藏历年　传召大法会　放生节　恰木钦　曼拉节　春播节　跳墨都普结节　驱鬼节　布达拉宫跳神节
二　月	调牛节　酥油花灯节　迎强巴
三　月	祭山节　送魔节　亮宝节　措曲节　措却节　勒尔达（旅贡）节
四　月	时轮金刚节　转山会　射箭节　祭龙节　萨噶达瓦节　迎鸟节　娘乃节　江孜达玛节
五　月	插箭节　煨桑节　采花节　康定赛马会　曲顿节　桑吉曼拉节　智达得钦　大佛瞻仰节　林卡节　朗扎热甲节
六　月	望果节　香浪节　六月庙会　劝法会　花儿会　赏花节　响浪节朝山节　珠巴策希节　雅客伦布　雅耷文化节
七　月	藏北赛马会　沐浴节　当雄赛马会　雪顿节　帕邦当廓节　七月金刚节　叶巴策久节　牧羊节　哲蚌寺琼久节
八　月	牛王会　松潘跳神节　盘坡赛马节　天祝赛马节　神舞节　迎神节
九　月	央勒节　神仙下凡节
十　月	协曲节　燃灯节　罗让扎花节
十一月	捏巴古藏节　冬季大法会
十二月	俄喜节

资料来源：http://info.tibet.cn/newzt/rsxzzt/xzjr/t20050627_38844.htm。

我们在杰德秀调研期间，恰逢刚过完藏历年不久。藏历年的确定，是与藏历的使用有密切关系的，藏历年的正式使用，是在农历丁卯年（1027年）开始的。从此，藏历的用法便沿袭下来了。

农牧民向我们讲述了藏历年情况，过年的准备工作从藏历十二月初就开始，如酿制青稞酒，用白面和酥油炸果子和做各式各样的点心（见图4-6），藏语叫"卡赛"。各家还要在厅堂里摆上染色的麦穗、青稞苗以及用酥油花塑

113

的羊头，这标志着过去一年的好收成，并预祝新的一年又获丰收。

图 4－6　藏历新年中做的点心
（2007 年 3 月 24 日　郑洲摄）

除夕前一天，各户人家在太阳快落山时，把一切污水脏物往两边倒掉。他们认为，这是人丁兴旺、万物生长的保证。除夕晚上，全家人围坐在一起吃团圆饭。藏民们喜欢吃的油饼、奶饼、手抓肉、鲜奶子等食品，一应俱全。

按照藏族的传统习惯①，大年初一早上由家庭主妇第一个起床，洗漱完毕之后，先到河边或井边"汲新水"，谁家能第一个将新水背回，不仅全家吉祥，而且预示新年风调雨顺。然后将牲畜喂饱，并叫醒全家人。全家男女老少都穿上节日的盛装，按辈分依次坐定。大年初一在进食之前，每人必须先在嘴上沾一点糌粑面。这时，长者端来一个叫

---

① 资料来源：http：//info. tibet. cn/newzt/rsxzzt/xzjr/t20050628_39190. htm.

做"竹素其玛"的五谷斗，里面装有糌粑、人参果、炒蚕豆、炒麦粒等食品，上面还插着青稞穗，每人依次抓一点向空中撒去，表示祭神。接着抓一点自己吃。长者挨个祝愿"扎西德勒"（吉祥如意）。晚辈则祝福老人"扎西德勒彭松错"（吉祥如意，功德无量）。在新年仪式之后，全家人再围坐在一起，喝青稞酒，吃人参果等食品，欢度新年。初一这一天，全家人闭门欢聚，互不访问。从初二开始，互相拜年，持续三五天。姑娘们和大嫂们常结伴成行，采取各种方式"抢食"男人们的东西，而男人们不得有任何反对的表示。通过这种"抢食"活动，一些青年男女交流了感情，增进了友谊。入夜，年轻的牧民们或者围着篝火唱起古老的歌谣，或者纵情欢跳锅庄舞和弦子舞。

五　乡规民约

乡规民约是农牧民根据当地的实际情况，为了破除旧有的风俗习惯，树立社会主义新风尚，自愿约定并要求大家共同遵守的公约、守则。乡规民约的内容比较宽泛，大都包括加强政治学习和科学技术文化学习、执行党和国家的政策、遵守国家法律、加强团结互助、建立和睦家庭、搞好邻里关系、尊老爱幼、扶贫助人、搞好环境卫生等诸方面的内容。农村的乡规民约属于道德规范的范畴。

当我们问及杰德秀居委会的乡规民约时，该居委会支部书记达瓦向我们介绍，经村民代表会议讨论通过的村规民约的大致内容如下。

（1）遵守社会公德、家庭美德、职业道德，讲文明、讲礼貌，尊老爱幼、和睦相处，正确处理好村民之间的相互关系。不得惹是生非，拉帮结派，不得聚众闹事，打架斗殴。

（2）关心集体，关心他人，关心村里公共事业，积极参加村民会议，商讨公共事务。

（3）维护村容村貌，搞好环境卫生。

（4）村民积极履行各种义务，主动参与道路、交通、学校、水利等公益事业的修建维护工作。

（5）搞好安全生产工作，注意防火防盗。

（6）凡外来人员进驻本村的，也必须服从本村管理，尽到应尽义务和遵守本村规民约。本村农牧民外出的要办好《流动人口管理证》，并主动及时履行相关的义务。

第五章 民族与宗教

第一节 民族

一 民族结构与聚居情况

杰德秀居委会除了在本地经商和务工的汉族人，以及娶到藏族姑娘后定居的汉族人外，其余全是藏族人。其中藏族人数有 2242 人，在本地经商、务工以及定居下来的汉族人有 6 人，汉族人口主要来自于四川和湖北。

二 民族关系

在杰德秀居委会长期定居的农牧民都是藏族，在此经商的外来人员都是汉族。我们对在该村经商的一位四川籍汉族人员进行了访谈，从他的谈话中我们可以对该村的民族关系有一定的了解。

我们访谈的人叫王建国，四川雅安人，小学文化。他告诉我们，他是 2003 年来杰德秀做生意的，现在的餐馆是从一位四川人手中转租过来的。除了语言外，在此做生意没有什么困难，当地政府不但不排斥外地人来做生意，遇到什么问题还可以找政府协助解决。来店里吃饭的基本上都是藏族人，开始来的时候，遇到困难该村农牧民基本没有帮忙说话的，时间长了，大家熟悉后，遇到问题农牧民也会提供帮助。

三　民族区域自治政策

民族区域自治是西藏人民当家做主的根本保证。西藏实行民族区域自治制度的历史还比较短，在实践中还有一个不断完善和发展的过程。西藏社会发展的历史起点低，基础差，加上高寒缺氧，自然条件恶劣，西藏的现代化发展程度与中国其他省区相比还有相当大的差距，至今仍然是中国比较落后的地区。但是，一个基本的事实是：西藏实行民族区域自治近 40 年来，从一个远远落后于时代的封建农奴制社会跨入了现代的人民民主的社会主义社会，实现了经济的高速发展和社会的全面进步，同中国其他地区的差距在不断缩小；西藏人民作为中华民族大家庭中的一员，实现了平等参与管理国家的权利，掌握了管理西藏社会、主宰自己命运的当家做主的自治权利，成为西藏社会物质文化财富的创造者和受益者；西藏的民族特性和传统文化受到充分尊重、保护和大力弘扬、发展，并随着现代化的发展而被赋予了更加丰富、更加富于时代气息的内涵。西藏的发展变化举世瞩目，有目共睹，不容否认。

从杰德秀民族区域自治制度实施情况看，年满 18 周岁的公民，不分性别、职业、家庭出身、宗教信仰、教育程度、财产状况，都有选举权和被选举权，农牧民选举自己的代表，并通过选举产生各级人民代表大会，行使管理地方事务的权力。杰德秀居委会村民自治领导机构由农牧民民主选举产生，村干部全部由本地藏族居民担任，杰德秀镇的领导机构组成中，藏族干部所占比例为90%，为保障民族区域自治政策的实施提供了组织和人员保障。

第二节　宗教

一　信教情况

中国西藏，不分性别，不论年龄，全民信教，且教派门类繁多。藏传佛教，又名藏语系佛教，主要流传于中国藏族居住地区。与汉传佛教一样，同属北传大乘佛教。它既有丰富、系统的佛教经典与理论，又有严密深奥的实践修证次第，故在世界佛教史上占有十分重要的地位。

藏传佛教有两层含义：一是指在藏族地区形成和经藏族地区传播并影响其他地区（如蒙古、锡金、不丹等地）的佛教；二是指用藏文、藏语传播的佛教，如蒙古、纳西、裕固、土族等民族即使有自己的语言或文字，但讲授、辩理、念诵和写作仍用藏语和藏文，故又称"藏语系佛教"。

藏语系佛教始于7世纪中叶，当时的藏王松赞干布迎娶尼泊尔尺尊公主和唐朝文成公主时，两位公主分别带来了释迦牟尼8岁等身像和释迦牟尼12岁等身像，以及大量佛经。松赞干布在两位公主影响下皈依佛教，并建大昭寺和小昭寺。

藏传佛教先是在王公贵族中间流行，后来逐渐推广到民间。其传播的过程分为"前宏期"（公元7~9世纪，相当于吐蕃时期）和"后宏期"（公元10~20世纪中叶）。据杰德秀居委会顿布曲果寺民管会主任介绍，藏传佛教主要分为四大主流派别，分别为：格鲁派、萨迦派、宁玛派及噶举派。这四大主流派别因其服饰及建物之特色而常被称为"黄教"、"花教"、"红教"及"白教"。顿布曲果寺属于四大佛教派中的萨迦派①。

黄教（格鲁派）：喇嘛都戴黄僧帽。西藏信奉的主流教派是藏传佛教，是格鲁派的别称，又称新噶当派、新教。该教派创建于1409年，是15世纪西藏佛教史上著名的宗教改革总设计师宗喀巴，在推行宗教改革过程中形成的，也是藏传佛教中形成最晚的一个教派。由于宗喀巴及其崇拜者们都戴黄色僧帽，故又俗称黄教。此派吸收噶当派的教义，并主张僧侣必须严守戒律。提倡显宗、密宗并重，强调显密兼修和先显后密的修行次第。以中观哲学与《现观庄严论》为教义根本。在传承方面，则采用转世制度。达赖喇嘛与班禅大师，为藏传佛教两大领袖人物，分地区弘法。历代达赖喇嘛主前藏拉萨，办公地点在布达拉宫；历代班禅大师主后藏日喀则，办公地点在扎什伦布寺。其后受清廷拥戴，成为西藏地方的执政教派，达赖喇嘛也成为西藏的政治与宗教领袖。黄教的根本道场有：大昭寺、甘丹寺、哲蚌寺、色拉寺、扎什伦布寺、布达拉宫等。

红教（宁玛派）：喇嘛戴红色僧帽。该教派形成于公元11世纪，是藏传佛教中最早产生的一个教派。由于该教派吸收和保留了大量苯教的色彩，重视寻找和挖掘古代朗达玛灭佛时佛教徒藏匿的经典，并认为自己弘扬的佛教是公元8世纪吐蕃时代传下来的，因而古旧，所以称宁玛（宁玛，藏语意为"古、旧"）。该教派僧人只戴红色僧帽，因而又称红教。这个教派信众为数不多。主要活动范围在林

① 资料来源：根据西藏信息网和课题组访谈而得。

芝地区，巴松错湖是此教派的圣湖。

白教（噶举派）：修法时穿白色僧裙。该教派创始于 11 世纪，重视密宗学习，而密宗学习又必须通过口耳相传，故名噶举，藏语"口传"之意。因该教派创始人玛尔巴和米拉日巴，在修法时都穿白色僧裙，故噶举派又称白教。白教最初分香巴噶举和塔布噶举。香巴噶举在 14~15 世纪衰落，现在谈到的噶举派，一般就是塔布噶举。塔布噶举实力雄厚，支系最多，其中一些不是直接控制过西藏地方政权，就是独占一方的封建势力。

花教（萨迦派）：创始于 1073 年，因该教派主寺萨迦寺所在地呈灰白色，故得名萨迦，藏语意为"白土"。由于该教派寺院围墙涂有象征文殊、观音和金刚菩萨的红、白、黑三色花条，故又称花教。花教在形成教派体系、扩大宗教影响、延伸封建势力的过程中，出现过历史上著名的"萨迦五祖"。

杰德秀居委会下辖一座寺庙——顿布曲果寺。据顿布曲果寺民管会主任介绍，藏传佛教有自己的特点，如活佛转世制度，就为中国国内的其他佛教所没有。顿布曲果寺属于四大佛教派中的萨迦派。

农牧民们会在自家摆设佛龛、经堂、唐卡，每天在佛龛前点酥油灯，手中拿佛珠、经筒，诵经念佛时转经筒。屋顶插经幡，群众随身自带护身佛盒。

二　宗教场所

杰德秀居委会下辖一座寺庙——顿布曲果寺，现有僧人 32 人，居士 3 人，能较好地满足信教群众正常宗教生活的需要。全村农牧民基本家家都设有经堂，定期或不定期地请寺庙僧人来家里念经。

调研了解到，请僧人来家里念经主要是基于以下原因：一是死人超度；二是盖房子看风水；三是生病了请人念经（结婚一般不请）。

顿布曲果寺在村庄有一定的职能。但这个寺庙并不垄断村中人的所有宗教活动。到了重要时节，人们往往到附近地区或者拉萨的大寺庙进行宗教活动。

三　群众宗教支出

该居委会家庭有程度不同的宗教费用支出，少则几十元，多则几百元，宗教费用支出的多少不仅和家庭的收支情况有关，而且与家庭宗教需要关系密切。经调研发现，信教家庭中如有喜事、丧事或请僧人，宗教负担明显高于一般家庭。

农牧民告诉我们，宗教经费的主要开支在宗教活动方面。较大规模的宗教活动有正月初一至十五的"莫兰钦墨"、"五月侨巴"、"八月僧巴"、"十月按巴"等，每当举行这些活动时他们都会支出一定的费用。

该居委会基本上每家都设有经堂，他们会定期或不定期地请僧人到家里念经。农牧民说，如果家有丧事，须请僧人到家念经，其规模和费用视丧主家庭的情况而定。一般来说，富裕家庭要请 7 名僧人念 7 天经，普通家庭要请 4 名僧人念 7 天经，丧主除负担僧人这 7 天的吃喝外，还要给每位僧人一定的费用。

有些家庭在寺庙布施粮、油、茶等，且对寺庙的布施都是自愿的。

四　宗教活动

我们在顿布曲果寺调研得知，一般的宗教活动有拜佛、诵经、烧香、礼拜、祈祷、受戒、过宗教节日等。

据顿布曲果寺民管会主任介绍，在大小不同的藏传佛教寺院里，几乎每天都举行规模不同的法事活动，内容大同小异。僧人早、中、晚要进行祈祷诵经，还要举行辩经会。诵经是为了强记经文原文，辩经是为了熟悉词义，广闻博学，融会贯通。信徒的活动主要有"磕长头"、转嘛呢筒、手持念珠，或参加寺庙的节日活动等。每个寺庙几乎都有自己的节日，较大的有大昭寺的传召大法会、扎什伦布寺和哲蚌寺的展佛节等。

1. 磕长头

这是一种五体投地的祈祷方式。叩拜时，双手合掌高举头顶，触额部、口部和心部各一次。然后双膝跪地，全身俯地，两手前伸，颌面触地。这里，合掌代表领受了佛的旨意和教诲；触额、口、心表示心、口、意都与佛相融汇，与佛合为一体。叩拜时，心发虔诚，口诉祈求。

磕长头的方式有两种。一是围绕寺院、佛塔或者神山、圣湖依顺时针方向叩拜，每磕一次，于齐手指尖处在地上画两条横线，下一次脚尖齐线，再磕再画，如此往复。磕头次数及圈数视个人意愿或活佛指点卜算而定。这种叩拜法称"等身礼"。二是头朝寺院、佛塔或圣山、圣湖等，每磕一次，向左移动距离等于自身的宽度。为防止手掌、膝盖被磨破出血，人们在这两处绑有木板或皮子之类的保护物。磕长头是藏传佛教信徒们为实现信仰而进行的最虔诚的祈祷方式，各大小寺院或佛塔边那深而发亮的凹陷痕迹就是这种虔诚的见证。更有甚者，从家乡出发，用身体丈量大地，三步一磕，持续时间达几个月或一年之余。在共同信念的支配下，他们三五成群，沿着道路去朝拜圣地拉萨。

2. 转嘛呢筒

转嘛呢筒可称"转经轮"或转法轮。经轮一般设置在寺院周围，式样不同，大小各异，质量也不一样。少则数十，多则上千。闻名遐迩的甘肃拉卜楞寺周围有 1400 多个嘛呢筒（不包括贡唐大师佛塔内外以及本寺六大学院内的嘛呢筒），转一周需 1 个小时左右（见图 5-1）。嘛呢筒主体骨架用木料制成，为圆柱体，表面用布、绸缎、牛羊皮包裹，也有用铜皮包裹的。嘛呢筒上记有"六字真言"。一般高 1 米，直径 1~2 尺，也有达 1 米左右的，其中均装有各类经卷。

图 5-1　一农牧民正在顿布曲果寺外转嘛呢筒
（2007 年 3 月 27 日　郑洲摄）

依藏传佛教教义，转动一次嘛呢筒就等于将其内所藏经文诵读了一遍。为达到早日超度、功德圆满这一愿望，下至小孩上至八旬老人不论早晚，也不论烈日当空还是雷打雨淋，都一丝不苟地转动经轮。嘛呢筒必须顺时针方向旋转，右旋转视为吉祥，左旋转则认为与佛背道而驰。

3. 转佛塔

即围绕佛塔顺时针转。甘肃拉卜楞寺边建有贡唐仓大师宝塔。宝塔占地 2144.16 平方米，高 31.33 米。塔呈菩提式，由塔座、塔顶、13 级法轮、避雨伞、日月宝顶组成。一层四周有转经轮 138 个，供佛像 1032 尊。转佛塔与转经轮性质等同，或转或围绕其磕长头，其次数依自己的心愿和活佛的指点而定。多数信徒都想多转几圈，为此，他们小跑步走，多者转上万圈。转佛塔时或口诵"六字真言"，或诵其他祈祷经文，心神专一，十分虔诚。

4. 手持念珠

藏传佛教的信徒们最简单的祈祷方式莫过于手持念珠（见图 5-2）。无论是白天、晚上，还是闲暇、繁忙时期，每日必须成千上万遍地拨动念珠，用简短的六字真言——"唵嘛呢叭咪畔"来祈求健康、净化心灵。其中"唵"表示"佛心部"，念此字时，自己的身要应于佛身，口要应于佛口，意要应于佛意，即身、口、意与佛成一体；"嘛呢"梵文意为"如意宝"，表示"宝部心"；"叭咪"梵文意为"莲花"，表示"莲花部心"，意示纯洁无瑕；"畔"表示"金刚部心"，意为必须依赖佛之力量，才能得到"正觉"，达到成佛之愿望。是故，藏传佛教视"六字真言"为经典之根源，只有循环念诵，才能功德圆满，也才可以解脱成佛。

图 5-2　手持念珠和经筒的农牧民（2007 年 3 月 27 日　郑洲摄）

五　依法治教情况

第一，积极宣传党的宗教政策。在宗教管理上，杰德秀居委会积极宣传党的宗教政策，不仅对基层广大党员干部进行培训，让他们充分理解党的宗教政策，了解宗教的自身规律及基本知识，掌握运用党的宗教政策、法规，对待和处理宗教问题的本领；而且采取通俗易懂的教育方法，向广大农牧民宣传党的宗教政策和相关法律、法规，宣传宗教的基本常识，让农牧民懂得什么是信仰自由，使信教群众明确从事宗教活动，不得违反法律的规定，不得破坏社会秩序，不得损害公民身体健康，不得受外国势力的支配，增强他们识别和抵制邪教的能力，尽可能减少其信教的盲目性。

第二，建立健全各项管理制度，形成了良好的工作机制。根据党的宗教政策和国家法律、法规，结合宗教工作的特点，杰德秀居委会对各项宗教事务实行制度化管理，制定了《宗教活动场所民主管理机构职责》、《宗教活动场所翻新、维修制度》、《宗教教职人员职责》、《领导干部联系宗教活动场所与宗教人士谈话制度》、《宗教人士外出请假制度》、《宗教人士例会学习制度》等工作管理制度，并且狠抓各项制度的落实，切实把宗教事务的管理纳入制度化轨道，不断规范民族宗教事务管理行政执法行为，提高了宗教事务的管理水平。

第三，宗教事务管理的规范化、法制化。在管理过程中，杰德秀居委会成立了以桑株为组长、索郎和格桑顿珠为成员的寺庙爱国主义教育领导小组，以加强对寺教工作的领导，深入开启寺庙爱国主义教育，维护社会局势稳定。2006年，寺庙爱国主义教育领导小组在顿布曲果寺进行了为期两个月的"深化寺庙爱国主义教育"活动：一方面，深入开展爱国主义教育，使寺庙僧尼达到"四维护、四增强、六促进"的目标；另一方面，找准存在的问题，对症下药，深化分析制定了具体管理办法，建立了长效机制。同时，帮助寺庙建章立制，学法、懂法、用法，使宗教事务管理更加法制化、规范化。

六　主要宗教人士简介

当我们对该居委会主要宗教人士进行了解时，在镇政府先进人物专栏里看到了一位宗教人士的典型事迹。

此人名叫旦培，男，现年（2007年）31岁，初中文化程度，是杰德秀镇果吉村六组村民。2001年担任山南地区政协委员，2002年担任自治区佛教协会理事、顿布曲果寺主任，现为杰德秀镇顿布曲果寺僧人。2006年，旦培以个人名义帮助杰德秀居委会七组五保户拉巴次仁（残疾人）一家人、杰德秀居委会五组五保户次卓嘎一家人加入合作医疗，而且每个月给这两家贫困户 20 元的生活补贴。为了能够在寺庙的林苑围上铁丝以保护林苑的树木，他亲自到县林业局求助买铁丝的资金共计 3840 元，还为顿布曲果寺联系了 2000 棵树苗；为建僧人宿舍，他免费送了 80 立方米的木料；听说朗杰学乡所属的一间尼姑庙为了建一个果园没有资金而发愁时，旦培又拿出 2.5 万元帮助该尼姑庙建果园。

七　杰德秀顿布曲果寺专访

藏传佛教是藏族传统文化的基础，对中国西藏的政治、经济、教育、生活与习俗诸方面，均有深刻的影响，而这种影响就是通过寺庙产生的。杰德秀居委会现有寺庙一座，名为顿布曲果寺。为了解寺庙的运行情况，以及寺庙对杰德秀政治、经济、教育、生活与习俗等诸方面的影响，我们对该寺庙进行了专访。

（一）　顿布曲果寺现状及特征

1. 顿布曲果寺概况

顿布曲果寺现有僧人 32 人，居士 3 人。以 1992 年为分界线，寺庙建筑分为原有和新建两大部分。新建部分资金筹集主要来源于上任主持的捐资和老百姓的捐赠，其中上任主持捐资 22 万元。

2. 供养钱收入和商店收入是寺庙的主要收入来源

顿布曲果寺的收入主要由两大部分组成：一是供养钱收入；二是寺庙的商店收入，商店一年的收入在 5000 元左右。尽管有供养钱收入和商店经营收入，但这些收入不能维持寺庙僧人的全部吃、用。因此，除寺庙有事情的时候僧人到寺庙外，僧人一般都在自己家里吃住；即使到寺庙的时候，也要从家里带些生活资料，可见，僧人的供养责任主要是家里，而非寺庙。

3. 民管会作为管理机构，负责寺庙的日常运行

在管理中，顿布曲果寺引进现代管理模式，将传统理念与现代思维模式相结合，成立了民管会，作为其主要的管理机构。民管会设有主任、副主任、会计、后勤人员等相关职务。其中主任1人，副主任1人，会计1人，管后勤的1人。民管会主任通过民主选举产生，其余人员也主要是通过择优推荐和民主选举相结合的方式产生的。为保障管理有章可循，民管会制定出完备可行的规章制度，责任落实到人。财务管理人员实行持证上岗制度，按照民主理财、独立核算、逐级审批、相互监督制约的原则运作。

4. 佛法弘扬宣化和念经是僧人的主要工作

一方面，僧人常被百姓家里请去念经，不仅满足了农牧民的精神需求，同时也在一定程度上有利于增加僧人的收入。另一方面，僧人还以弘法为家务，发扬大乘佛教慈悲济世、利乐有情之精神，利用各种方式进行佛法弘扬宣化。僧人坚持早晚课以自修，学习佛学理论知识，学习文化基础知识，学习寺院规章制度应信众所需开展佛事活动以利信众，整肃僧纪，庄严身心，庄严道场。同时，积极开展各种大型佛事法务活动。

（二）顿布曲果寺面临的困难和问题

我们在调研中了解到，顿布曲果寺还面临着以下困难和问题。

1. 现有资金来源无法维持寺庙的日常开支

要维持寺庙的日常开支、寺庙修缮以及寺庙的管理，是离不开资金支持的，但是目前顿布曲果寺的主要资金来源是农牧民的供养钱和寺庙的商店收入，政府对寺庙的扶持资金较少，而农牧民的供养钱和寺庙的商店收入有限，寺庙日常开支所需经费还有一定缺口。因此，资金问题仍是顿布曲果寺面临的主要问题之一。

2. 僧多房少，住宿面临巨大压力

人多房少，宿舍问题又是顿布曲果寺面临的主要问题。由于寺庙住宿场所不够，目前寺庙的僧人大都回家住，不利于统一管理。同时据寺庙僧人反映，即使在寺庙住宿，住宿条件也不好。因此，住宿问题是顿布曲果寺需要迫切解决的问题。

3. 文物安全亟须加强

安全问题一直是寺庙面临的重要问题，顿布曲果寺内有众多的神佛塑像，同时还拥有许多绘画、壁画、唐卡等，其中有些堪称无价之宝。我们调研发现，目前顿布曲果寺没有任何现代化的防盗监控设施，文物的保护基本上依赖于寺庙的僧人，但是由于寺庙的居住条件有限，很多僧人都回家住宿，住在寺庙的僧人也相对分散，寺庙的文物安全保护存在较大隐患，受经济利益的诱惑，寺庙的文物常常面临被不法分子盗窃的危险。而就在我们调研期间，顿布曲果寺就发生了一起文物被盗事件。因此，未来顿布曲果寺文物安全保护工作亟须加强。

（三）小结

寺庙是人类社会物质文明和精神文明的结晶，也是一种文化现象。它既是历史文化的载体，又是社会经济的文化景观，对于西藏而言，寺庙更具有特殊的经济、政治意义。通过对杰德秀居委会顿布曲果寺的调研，可以得出以下结论。

（1）寺庙的收入主要来源于供养钱和商店收入，但是收入不能完全满足寺庙的全部支出，僧人在一定程度上依赖家庭支持。

（2）在寺庙管理上，顿布曲果寺专门成立了民管会，负责寺庙的日常运行，民管会主任由民主选举产生，其余人员也主要是通过择优推荐和民主选举相结合的方式产生，具有一定的科学性和合理性。

（3）安全问题仍是顿布曲果寺面临的重要现实问题，这和寺庙住房不够、僧人分散居住、不能有效守护文物有关。同时受资金的制约，使得寺庙相关安全设施不够，这也在一定程度上增加了安全隐患。

（4）面对寺庙的资金制约，顿布曲果寺在发展过程中可以结合旅游，开发出一些具有特色的寺庙旅游商品和旅游纪念品，通过与旅游的结合，带动寺庙的发展。

第六章　各项事业

第一节　农村义务教育

国家贫困地区"义务教育工程"的实施，给西藏的基础教育注入了新的活力。该工程实施三年，国家在西藏投入经费 1.37 亿元［按人均计算，国家投入西藏的义务教育工程经费在全国各省（市、自治区）中是最多的］，加上自治区、地、县三级配套总量达 2.3 亿元。近三年来，加上把其他一些教育经费投入工程，西藏共完成"义务教育工程"项目学校 197 个（原计划 157 个），基本改变了西藏基础教育设施落后的面貌。"义务教育工程"的实施，对于发展西藏教育、促进民族团结、保持社会稳定都起到了积极作用。

为了对杰德秀居委会适龄儿童接受义务教育的情况进行深入了解，课题组专门就义务教育进行了专题调查。

一　现状及评价

1. 农牧民文化程度普遍较低

课题组在进行义务教育情况调查的同时，对家庭户主的文化程度进行了了解。结果表明（见表 6 - 1），杰德秀居委会家庭户主的文化程度普遍偏低，其中文盲的比例达到

33%，上过小学的比例最高，为 63%，初中文化程度的比例仅为 4%，而家庭户主中高中（含中专）文化程度的没有。调查还表明，由于习惯、风俗等原因，杰德秀居委会女性接受义务教育的年限比男性要短，因此，在农户家庭中，女主人的文化程度大多低于男主人。值得说明的是，被调查农户家庭的子女大多正处于接受义务教育的阶段，这同时也说明调查结果具有一定的代表性。

表 6-1　杰德秀居委会家庭户主的文化程度

单位:%

文化程度	比例
文　盲	33
小　学	63
初　中	4
高中（含中专）	0

资料来源：课题组调研整理。

2. 农牧民已普遍认识到子女接受教育的重要性

为了解杰德秀居委会家长对孩子上学的态度，我们设计了"你认为孩子上学重要吗？"的问卷，结果表明（见图 6-1），农牧民已普遍认识到子女接受教育的重要性。认为子女上学非常重要和比较重要的比例为 85%，认为一般的比例为 12%。值得注意的是，仍有少数家庭认为送孩子上学不重要，即对教育的重要性认识不够。在问及送孩子上学的目的时，大多数农牧民回答是跳出农门、出人头地，还有一部分农牧民认为是学习技能，出去打工挣钱。

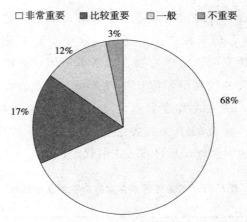

图 6-1   对教育重要性的认识

3. 农牧民对当地农村办学条件较为满意

在调查中了解到，杰德秀居委会广大农牧民已认识到子女受教育的重要性，也千方百计增加收入来供子女读书，同时对当地办学条件给出了自己的评价。总体而言，农牧民对当地农村办学条件较为满意（见表 6-2）。

表 6-2   对当地农村办学条件的看法

单位：%

看　法	比　例
不　好	5
一　般	15
较　好	78
无所谓	2

资料来源：课题组调研整理。

4. 农村与城市孩子受教育状况差别明显

为进一步了解杰德秀居委会农牧民对当地农村义务教育情况的评价，课题组就城乡义务教育的差距问题进行了调查。结果显示，大部分农牧民认为义务教育有着明显的城乡差别。这主要反映在条件差异和师资差异上，其中，认为农村义务教育师资不如城市的比例达 70%。这些被调查者认为，正是由于学校办学条件和师资水平的高低等方面的差异，使得自己的子女在升学考试中很难与城市孩子竞争（见表 6-3）。

表 6-3　对城乡教育区别的评价

单位：%

区　　别	比　　例
条件比城市差	23
师资比城市差	70
其　　他	7

资料来源：课题组调研整理。

5. 对国家对西藏实行的特殊义务教育政策非常满意

为进一步提高藏族农牧民子女受教育的数量和质量，国家开始大幅度提高西藏农牧民子女接受义务教育"包吃、包住、包学费"的"三包"经费标准。每个小学生每学年的"三包"经费由原来的 600 元提高到 1000 元；初中生由每人每学年 800 元提高到 1150 元。边境地区学生在此基础上每人再增加 100 元。与此同时，高中学生的助学金标准也由原来的每学年 800 元提高到 900 元。

目前，西藏的小学适龄儿童入学率达到 94.7%，共有 43 万多名学生在小学和初中学习，占全区人口的 15.8%。

杰德秀居委会农牧民对国家减免农村教育费用非常欢迎（见表 6-4），对此政策持积极支持态度，认为这是国家对农牧民的关心，在为农牧民办实事。

表6－4 对当前"三包"政策的评价

单位:%

评　　价	比　　例
非常满意	70
满　　意	24
一　　般	5
无 所 谓	1
不 满 意	0

资料来源：课题组调研整理。

6. 村民子弟读书观念

调研发现，一些学校里在读的小学生对学校教育的重要性认识不够。我们在杰德秀中心校调研时，一些小学生告诉我们，家长让来读书就来读了，不上学就会在家里帮忙干活。导致辍学的因素中，除了家庭原因外，一部分是由于孩子自身不愿意上学引起的。如在康鲁商业街做服装生意的嘎日，家庭经济条件较好，但他有个儿子本该读初中却辍学在家，主要是因为孩子不想读书。嘎日说："希望小孩读书，但是小孩不上，家里也没有办法，后来也不反对了，因为可以帮助做生意。"

7. 家庭教育

除了学校教育外，孩子们还从自己的家庭中受到教育。男孩一般要由父亲实际指导，学习农业技术，并参加一定的农业劳动。到了20多岁，便成了家庭的全劳力。女孩子要从母亲那里学习纺织邦典和氆氇等技术。

二　杰德秀居委会农村义务教育面临的主要问题

现实中，杰德秀居委会农村义务教育仍面临着一些问题，主要表现如下。

1. 适龄儿童入学与巩固问题

适龄儿童的入学与巩固是做好杰德秀居委会义务教育的重头戏。就调查的情况看，目前仍存在一些制约杰德秀居委会适龄儿童入学与巩固的因素，主要表现在：（1）当地农牧民的文化素质偏低，对知识的认识水平不高，绝大多数农牧民群众由于眼前利益的驱使，不愿送子女入学，因此，还需要加大宣传教育的力度；（2）已入学适龄儿童的衣、食、住、行受家庭经济条件制约，求学期间呈现不稳定性，旷课事件时有发生，保证不了在校生的巩固；（3）学生知识出现断层现象（主要是旷课所致），导致接受新知识困难，丧失学习兴趣；（4）学校管理、教材内容与教学手段落后，办学整体素质偏低。

2. 教师综合素质有待提高

从调查情况看，杰德秀小学教师的文化素质偏低，其突出表现在：在现有教师队伍中，一是部分具有中专学历的教师由于历史原因造成学历与知识结构、知识水平不相称的现象；二是部分教师知识老化，知识更新速度跟不上教育形势发展的需要，缺乏必要的培训机制和配套的培训经费。另外，大多数教师的教学工作缺乏教育教学理论的指导，主要凭借经验进行教学，由于教师的理论水平不足，加上教师开展教育科研缺乏相关科学研究方法的指导，很难深入分析和研究问题。

3. 农村基础教育脱离当地经济、社会发展的实际

从杰德秀居委会的调查情况看，农村的基础教育在提高农村青少年基本文化素质方面做出了较大贡献，但未能很好地完成培养有一定技能的农村劳动后备军这一重要任务。过分强调应试教育，导致农村基础教育脱离农村经济、社会发

137

展的实际，使得升了学的学生毕业后不愿回乡，升不了学的学生回乡后不愿务农，也不会务农。农村基础教育不能为农村培养所需要的人才，不仅影响了农村教育投资的效益，也影响了当地的经济发展，同时降低了家长送子女读书的积极性。另外，在课程设计上，忽略了城乡差别，忽略了对农村的注意，脱离了农村青少年的生活，导致虽然学生学了数理化，但却不知道本乡本土有什么资源，应该怎样去保护、利用。

据当地农牧民及学校老师反映，由于农村升学率较低，多数考生既考不上高一级学校，也没有其他出路，身心受到严重伤害。这种结果，使得厌学风不仅存在于农村中学，而且蔓延到了小学，不少农村学生从小学开始就滋生了外出打工的念头，对学习失去了兴趣，这也大大降低了农村基础教育的成效。

一些家长也认为学校教育的制度有些不妥。理由如下。

第一，不读书照样可以种田和打工。学校所学的知识和家庭所需关系不大，读了书没有多大用处。

第二，能够考上大学的毕竟是少数，如果考不上，回家也不会务农。

第三，高中学费太贵，学费加上生活费，一个孩子一年还花销 3000 元左右，家庭经济压力大。

第四，现在大学不包分配。实际上，西藏的大学生不包分配是从 2007 年开始实行的。考上了大学，也不一定能找到工作。

4. 初中生辍学现象严重

辍学问题是杰德秀居委会在普及农村义务教育中面临的重要问题之一。从调查情况看，辍学的总体情况是初中生辍学率高于小学生辍学率。造成学生辍学的原因有：（1）能够升上大学的学生毕竟是少数，但农村教育模式和城市一样，教学内容与农村实际相脱节，导致学生和家长感到读书用处不大，只要不是文盲就可以了，形成了新的"读书无用论"。（2）高中和大学学费昂贵，许多农牧民家庭靠种田或打工维持生活，一人上大学，往往家庭需要四处借钱，加上毕业后就业困难，影响了家长送孩子读书的积极性，甚至许多家长认为，"不读书照样可以种田和打工"。（3）打工热潮也影响着农村学生。外出务工是农民选择的普遍的脱贫增收方式。在亲戚、熟人、同学等外出打工的引诱下，许多学生自然也加入了打工的行列。

针对杰德秀镇适龄学生辍学尤其是初中生辍学现象严重的情况，2006 年 4 月 21～26 日，由次仁扎西（人大）、巴桑旺堆（工会）、旦增（实中）、米玛（杰德秀镇长）组成劝学组，对劝学对象、村户进行劝学，镇与村户签订协议书。劝学生共计 94 名，具体情况如下。

（1）县实验中学学生劝学情况：应劝学生 30 名，其中：劝回学生 17 名，在校生 4 名，无法劝回学生 1 名，超龄 1 名，无该生 6 名，因"4·21"事故暂未劝 1 名。

（2）县中学学生劝学情况：应劝学生 64 名，其中：劝回学生 32 名，在校生 13 名，转学 6 名（有转学证 2 名、代办手续 4 名），无该生 8 名，重复登记 1 名，超龄 1 名，残疾 1 名，无法劝回 1 名，患病 1 名。

值得说明的是，在全镇辍学儿童中，杰德秀居委会所占的比例是最小的，县中学和实验中学总共的辍学学生人数为 13 人，其中男生 7 人，女生 6 人。相比而言，果吉、克西等村的辍学学生人数较多。而从辍学学生的年级看，初一辍学的占 70% 左右，其次是初二和初三的（见表 6-5）。

表 6-5　杰德秀居委会流失学生统计

单位：人

	男	女	合计
县 中 学	4	5	9
实验中学	3	1	4

5. 上学与为家庭经济作贡献的矛盾

村里的学校教育，是根据教育部教学大纲进行教学的。前面已经提到，在家庭中，子女的经济价值是很重要的，这就产生了一对矛盾：一方面，如果将孩子送去学校上学，不仅不能为家庭经济作贡献，而且家庭还要拿出一部分零用钱。一些农牧民告诉我们，尽管在九年义务教育中能够享受国家的优惠政策，家庭负担很轻，但是上高中时候的学费对家庭的经济压力很大。另一方面，如果孩子处在适学年龄，不将孩子送去读书，家长又会面临村干部和学校老师接二连三的劝学。在调研期间，我们也看到了县中学以及实验中学辍学儿童的名单，其中的大部分已被劝回学校继续学习，但是一些学生告诉我们，尽管报到注册了，并不是所有的同学每天都来上课，有时候家庭较忙时，便在家里帮忙而不去上学。学校的老师解释到，家庭劳动的需要以及学校教育的冲突，是学校学生上课缺席的主要原因。

再说，上学并不能立刻显示其对家庭的贡献；相反，作为家庭的劳动力为家庭所作的贡献是显而易见的。特别是当家长没有文化时，不认真对待学校教育的情况更加普遍。事实上，在所有失学儿童中，我们了解到，家庭经济条件不好以及家长没有文化的占了80%以上。

三 杰德秀居委会中心校调查

杰德秀居委会下辖一所中心校，为进一步了解当地农村义务教育情况，我们专门对中心校进行了调查。

（一）学校基本概况

杰德秀中心校位于雅鲁藏布江畔、101省道南侧，学校建于1976年，并于1989年、1990年、1997年、2004年、2005年、2006年分别进行了改扩建，现学校占地面积为18309平方米，校舍建筑面积为3455平方米，9个教学班，学生总计412名，其中"三包生"有246名，助学生166名。所属教学点2所，在校生共有125人，其中修一教学点72人，修二教学点53人。教职工32人，其中2名在外培训，1名长期休病假，获得本科学历的教师有4名，大专学历的教师有20名，中专学历的教师有3名，学历合格率为93.4%，2名炊事员。

学校分教学、生活、运动三区，设有德育室、少队室、图书室、音乐室、自然室、电教室，各科室的设施设备如音乐器材、实验仪器、体育器材等达自治区级合格学校建设二类标准，图书5020册、生均17本以上，其中，电教室2间，有22台电脑，按要求向学生播放班班通节目，下载IP数据及远程资源。

（二）管理及教学现状

1. 教学

第一，为了改进教学方法和促进新课改革的实施方案，杰德秀中心校利用远程教育设备与模式一、二相结合，为打造现代化教学方法奠定基础。每学期安排时间让教师在学校网络教室培训计算机基本操作和模式三的操作技术，还规定课外时间集中观看一些"优秀教学课例设计"和"优质课教学光盘"，让教师们能够理解现代教育技术方式和改进旧的教学方法、教育理念。

学校制定了电教员制度和职责规定，设有 1 名电教员和 2 名电教助理员，还安排电教员每日工作时间，按时下载与接收远程教育资源，并利用一些好的教学资源结合实际工作，充分发挥学校电教室的作用。各教研组定期或不定期地组织开展教学活动，以远程教育资源利用和观看优质课为主体，讨论和实施并吸取精华。平时教学中通过体现远程教育资源的特点和作用来改变传统教育方法，推进素质教育，体现新课改革的内容。电教室每学期制订工作计划，为了更好地完成工作计划，需按时记录与登记，利用班班通设备与网络教室让学生了解当代科技发展和社会发展趋势，了解现代教育的方式和学习方法，吸取别人的学习方法与方式，在轻松愉快的环境中接受教育，促进身心健康地成长。

第二，加强德育工作，树立高尚品德。为了突破传统的陈旧观念，提高全民素质，发扬优良传统，学校自始至终坚持以德育为首位，全面贯彻落实加强和改进学校德育工作。在实践工作中，学校设有专门人员，除了利用思想品德课和班会课向学生讲述德育的有关内容外，还经常开展一些丰富多彩的活动，积极引导学生参与到活动中来，树立起崇高和远大的志向，要求全校师生员工树立正确的政治方向，对学生进行马克思主义祖国观、民族观、宗教观、文化观教育，向学生灌输科学的思想和正确的世界观。学校每周举行升旗仪式，由一名老师负责利用广播做国旗下的讲话活动，对学生进行爱国主义教育，从而增加学生的爱国热情，坚持祖国统一。在反对民族分裂方面，学校结合实际，深入开展揭批达赖活动，充分发挥党团员的作用，在全校师生中传达上级有关文件精神，使广大师生进一步认清达赖的真实面目，坚决与达赖集团斗争到底。

第三，学校安排在每周三晚自习时间播放有关教育教学的影视节目，从而极大丰富了校园活动。

第四，杰德秀中心校以"以人为本，以德治校"为宗旨，大力开展教研教改活动，全面贯彻党的教育方针，面向全体学生，全面提高学生素质，提高学生的思想道德、文化科学、劳动技能和身体心理素质，更好地完成电教工作，充分利用电教设备和远程教育资源在实际教学中发挥的作用，为培养德才兼备的社会主义事业接班人奠定基础。

2. 管理

杰德秀中心校的常规管理采取"整体设想、重点突破"的工作方式，以"劝学为主，教学为重"为原则，保障学校的各项工作正常进行，同时管理教学点的督促和指导工作。

（1）严格制定各种规章制度，使学校工作分工明确，责任到位。

（2）加强劝学力度，学校与乡（镇）制定目标，学校与年级制定目标。

（3）学校与班主任签订巩固在校生目标书，严格控制学生流失现象。

（4）与毕业班签订奖惩制度，调动教师的积极性，提高学校的毕业率。

（5）与班级签订卫生区域包干制，使学校校园整洁干净。

（6）出台教师量化考核制度，调动教师的积极性和竞争意识。

（7）全面启动学生"三项工程"，严格炊事员制度，确保学生身体健康。

（8）各教研组及各科室指定活动计划，做到教研活动有记录，事后有总结，确保教研工作的开展。

3. 三包经费、助学金的使用

根据藏教〔2001〕58 号文件精神，中心校在实行"三包"、"助学金"过程中，成立了"三包经费领导"小组，由镇委书记兼任组长，村支部书记任副组长，学校领导和一位群众为成员，共同参与并监督"三包经费"的开支是否合理。

（三）未来工作思路

在调查中了解到，未来杰德秀中心校拟采取以下措施，提高教学及相关管理水平。

1. 加强思想政治及德育工作

要求全体师生员工树立坚定正确的政治方向，学习马克思主义"四观"教育，定期组织学习重要文件，在全校教职工内大力宣传共产党员保持先进性教育，坚持维护祖

国统一、民族团结、立场坚定、旗帜鲜明，深入持久地开
展揭批达赖活动。每月开展一次法制讲座，宣传义务教育
法，加强法制教育和安全教育，高度重视安全工作，预防
安全事故的发生，确保学校稳定。

2. 加强劝学力度，提高教学质量

进一步加强领导和督导工作，分工明确，责任到位，
留得住，学得到，配合乡镇、村委领导的工作，调动广大
群众的积极性。转变过去的陈旧观念，加强学校的整体管
理能力，制定严格的规章制度及目标责任书，调动教师的
积极性，提高全校的教学质量，40分钟要效益，争取培养
5~8名县级教学能手，向内地班输送10~15名学生，制定
严格的奖惩制度。

3. 继续加强师资队伍建设

以学校制定的教师量化考核为依据评选优秀教师，不
断提高教师的业务知识水平和政治素质，定期组织观看电
教课，交流经验，开展"老带新"、"一帮一"等活动，进
一步提高教师的整体素质，大力宣传和推动支教工作，鼓
励每位教师在基层最艰苦的地方支教两年，让他们在支教
过程中获得经验，得到启发，严格实行考勤制度。

4. 加强后勤管理，切实提高住校生伙食质量

严格执行藏政发〔2001〕58号和108号文件精神，每
天给学生提供新鲜菜、新鲜肉，严格落实好"三包"、"助
学金"经费专款专用，由专人负责，并管理好"三包"领
导小组，让学生吃得好、吃得饱，争取做到让社会满意、
让家长满意、让上级放心。

第二节 医疗卫生

一 医疗卫生设施

杰德秀居委会现有 1 所农村医疗合作站，位于 101 省道旁边。该合作站是由长沙市政府援建的，现有专职医生 2 名。

目前该卫生院的医疗卫生设施较为简陋，只能治疗感冒等小病。医生看病只凭老三件（温度计、听诊器、血压计）进行，缺乏一些常规的检查设备，没有住院设施。

二 村民就医情况

农牧民告诉我们，一般感冒之类的小病就在村卫生所看，看一次病的费用从 3 元到 10 元不等。稍微严重一点的病，需要到贡嘎县医院看，因为村里的医疗设施不够齐全。

三 农村合作医疗情况

西藏和平解放以来，国家一直对西藏农牧民实行特殊的免费医疗政策，免费医疗经费先后得到 6 次提高。党的十六大以来，为确保广大农牧民群众看得起病、看好病，国家和自治区进一步加大了对免费医疗经费的投入力度。到"十五"末，西藏农牧民免费医疗经费在年人均 40 元的基础上，提高到了年人均 80 元。

近几年，国家对西藏农牧民的免费医疗经费投入达 7 亿多元，农牧民群众的基本医疗保健水平得到进一步提高。截至 2006 年底，西藏 100% 的农牧民都享有以免费医疗为基础的农牧区医疗保障。农牧区医疗制度县、乡覆盖率均达到 100%。参加个人集资的农牧民已占农牧民总数的 89%。

据统计，2006 年西藏农牧区医疗总基金为 21325.66 万元（不含上年结转资金），西藏农牧民共发生医疗总费用 20385.79 万元，共为农牧民报销补偿总费用 15989.41 万元，报销补偿费用占发生医疗费用的 78.43%。

2007 年，国家再次将农牧民免费医疗经费标准提高到年人均 100 元的标准，使西藏农牧民群众得到了更大程度的免费医疗保障。

为了解西藏农牧区合作医疗的实施情况以及农牧民对合作医疗制度的评价情况，课题组就杰德秀居委会农村合作医疗进行了专题调查。

（一）新的农牧区医疗制度概况

1. 新的农牧区医疗制度的主要特点

调研表明，新的农牧区医疗制度仍然坚持"政府出大钱、农民出小钱"的原则，是一种农牧民自愿参加，政府、集体和个人多方筹集资金，以大病统筹为主的互助合作制度，但在政策上做了三点调整。

（1）对个人筹资的费用做了调整，参加医疗筹资的农牧民个人每年缴纳的费用不低于 10 元。而以往实行的筹资标准是农牧民个人按当地年人均收入的 1.5% ～ 3% 缴纳费用。

（2）增强了大病统筹的能力，由原来以乡为单位进行统筹改为以县为单位进行统筹。使筹集资金的范围扩大，筹集的资金变多，抗风险的能力增强。

（3）简化了农牧区医疗基金的划分，分为大病统筹、家庭账户、医疗救助三类。

2. 家庭医疗账户基金总账金额不断增加

我们从杰德秀合作医疗办公室了解到，2004～2006年，家庭医疗账户基金总账构成有所不同，总体而言，家庭医疗账户基金总账金额呈不断增长的态势。2004年，家庭医疗账户基金总账金额为40元，其中国家财政划拨15元，合作医疗补助10元，自治区财政出资10元，山南地区财政出资3元，贡嘎县财政出资2元。2005年国家财政加大支持力度，拨款金额由2004年的15元增加到65元，与此同时，取消了合作医疗补助款项，最终使得2005年家庭医疗账户基金总账金额由2004年的40元上升到80元。2006年，家庭医疗账户基金总账金额再度上升，达到104元，这主要是由个人集资导致的（见表6－6）。

表6－6　家庭医疗账户基金总账构成

单位：元

年份	国家财政	合作医疗补助	自治区财政	地市财政	县财政	个人集资	合计
2004	15	10	10	3	2	0	40
2005	65	0	10	3	2	0	80
2006	65	0	10	3	2	24	104

资料来源：杰德秀镇农村合作医疗办公室。

3. 没有参加个人筹资的农牧民也享受按比例报销医疗费用的权利

据杰德秀居委会卫生院和合作医疗办公室的工作人员介绍，国家对西藏农牧民一直实行免费医疗政策，即国家补助15元、西藏各级政府补贴15元，共计30元作为每个农牧民的免费医疗资金。过去在合作医疗制度推行过程中，

仅对参加合作医疗的农牧民进行报销补偿，忽视了近 20%
没有参加合作医疗的农牧民的利益。

西藏从 2004 年起全面推行新的农牧区医疗制度。这种
建立在免费医疗基础上的合作医疗制度，将使更多农牧民
享受到实惠。新推出的农牧区医疗制度确认了没有参加个
人筹资的农牧民也享受按比例报销医疗费用的权利，只是
参加个人筹资的人将享受更高的报销比例和更多的优惠。
在同等情况下，缴纳个人筹资的人比没有缴纳的报销比例
高出 20%。另外，缴纳个人筹资的农牧民还将享受再补偿
政策，即因患大病、重病发生大额医疗费用或住院医疗费
用超过报销封顶线的，县（市、区）医管会根据患者家庭
的经济情况，从医疗救助基金中给予一定数额的再补偿。

（二）新的农牧区医疗制度实施情况

1. 医疗基金分为家庭账户、大病统筹和医疗救助三类

受历史、自然和经济因素的制约，杰德秀居委会卫生
事业面临着疾病控制任务重、农牧区卫生基础设施差、卫
生经费不足、技术骨干和管理人才缺乏等诸多困难，农牧
民无法就近得到较好的医疗服务。近年来，西藏自治区采
取以政府为主导，个人自愿参加，政府、集体和个人多方
筹资，家庭账户、大病统筹和医疗救助相结合的医疗互助
合作制度，深受农牧民欢迎（见图 6-2）。其主要做法是：
医疗基金分为家庭账户、大病统筹和医疗救助三类，分别
占医疗总基金的 60%、35% 和 5%。缴纳个人筹资的农牧民
在县、乡（镇）和村医疗机构就医的门诊费用，在其家庭
账户基金中核销，住院费用由医疗机构直接免收或报销
70%，在地（市）以上医疗机构就医的医疗费用可报销

60%。未缴纳个人筹资的农牧民在县、乡（镇）和村医疗机构就医的门诊费用，在其家庭账户基金中核销，住院费用医疗机构直接免收或报销50%，在地（市）以上医疗机构就医的医疗费用可报销40%。

图6-2　合作医疗证（2007年3月24日　郑洲摄）

我们在农牧民的合作医疗证上，看到了如下宣传口号。

（1）实行合作医疗制，保障人民身体健康。

（2）合作医疗：取之于民，用之于民。

（3）合作医疗，人人参与，人人享受。

（4）合作医疗为您解除百病忧愁。

（5）合作医疗使您无病早防，有病早治。

（6）一年少吸一盒烟，省钱入保都平安。

2. 医药费用的补偿和报销

医疗费用的补偿包括门诊和住院，其补偿比例一般门诊高于住院，乡卫生院高于县医院。具体补偿比例、起点线和封顶线根据实际情况由合作医疗管理委员会规定，各地略有不同。从杰德秀居委会的调研情况看，缴纳了集资款的，报销比例是门诊60%，住院40%。一年统一报销2次，上半年一次，下半年一次，一般是由书面材料通知村委会，村委会再组织召开村民大会通知报销的时间和相关的程序。从报销的情况看，约80%的农牧民能在规定时间内报销，另外错过报销时间的农牧民就只能下半年补报。值得注意的是，没有缴集资款的，按国家规定，也享受相应的报销比例，但到目前为止，没有一个人报销过。

对于保偿须知（见图6-3），我们在合作医疗证上见到如下内容：（1）本证为入保、就诊和申报补偿时的证明，盖章后生效；（2）妥善保管此证，不得转借和涂改，如有遗失，应重新申请补办；（3）入保人要按照规定及时到指定地点接受保健指导和医疗保健服务；（4）逐级转诊，遵守制度；（5）一人一证，每次就诊必须携带。

图6-3　农村合作医疗证保偿须知
（2007年3月24日　郑洲摄）

3. 合作医疗基金的分配使用情况

合作医疗采取国家、集体、个人以及社会多渠道筹集资金的办法。合作医疗基金的分配使用以医疗基金为主，占基金总额的 70% ~ 80%，用于参加合作医疗的患者在门诊、住院时的医疗补偿；防保基金占基金总额的 10% ~ 15%，用于儿童计划免疫、传染病防治、妇幼保健工作；风险基金占基金总额的 5% ~ 10%，用于大病住院按规定补偿医疗基金后仍会造成因病致贫的高额风险补偿；储备基金占基金总额的 3% 左右，用于合作医疗财务超支和意外应急情况（如某种传染病的发生流行）补偿；管理基金，占基金总额的 2% 左右，用于合作医疗各种表、证、卡及办公、年终考评奖励等。

4. 与医疗救助、免费医疗相结合

西藏农牧区医疗保障制度在形成和发展过程中，充分反映和体现了西藏具体客观实际的显著性和一般规律。这些特征和普遍规律是：多种形式并存。除普遍建立的农牧区合作医疗制度外，对农牧民的基本医疗实行减免收费，对儿童疫苗接种、地方病防治、肺结核和麻风病患者的治疗、健康教育、妇女分娩接生、计划生育等仍然实行免费医疗，对农牧民五保户和贫困农牧民家庭实行医疗救助制度。

（三）参与情况及评价

1. 农牧民积极参加合作医疗

从参与农村合作医疗上看，杰德秀居委会农牧民表现出较大的积极性。居委会有农户 575 家，2006 年有 517 户参加了农村合作医疗，参加比例达 90%。这说明广大农牧

民已基本认识到参加合作医疗的重要性。在推行农村合作医疗的过程中，不仅有力地保障了广大农牧民群众的身体健康，而且促进了农牧区卫生事业的发展。自开展合作医疗以来，杰德秀居委会缺医少药的状况得到了有效缓解，完善了免费医疗政策，规范了管理，促进了乡镇卫生院的建设。根据统计显示，2006年底，杰德秀居委会参加个人筹资的农牧民已有2000人以上，这些人皆被纳入合作医疗的保障范围（见表6-7）。

表6-7　2006年杰德秀居委会参与农村合作医疗情况

总户数（户）	参加户数（户）	比例（%）
575	517	90

资料来源：杰德秀镇农村合作医疗办公室。

2. 农牧民对现行合作医疗制度的评价

杰德秀居委会对现行农村合作医疗制度的评价，"非常满意"的比例为35%，"满意"的比例为45%，两者之和达80%。

2006年，该居委会一位妇女因产后大出血花费了巨额费用，合作医疗帮她报销了5000多元的医疗费，而她参加合作医疗的费用每年仅为10元钱，不到她年收入的2%。

农牧民尼玛，因病住院花去了医药费11280元，因承受不起医药费，被迫出院终止了治疗。回家后，听说参加合作医疗农牧民因病住院可以报销。第二天，他带着相关手续来到该市合作医疗办公室，办公室按政策给其报销了3987元，当尼玛拿到这笔钱时，激动地流出了眼泪，并用报销款继续治疗，最后痊愈。

总体而言，农牧区合作医疗制度的推行，不仅保证了农牧民享受基本医疗保健的权利，同时也大大降低了农牧民在医疗保健上所能承受的经济负担，受到农牧民的欢迎（见图 6 - 4）。

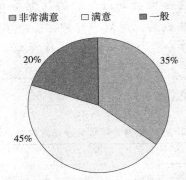

■非常满意 □满意 ■一般

图 6 - 4 杰德秀居委会农牧民对现行农村合作医疗制度的评价

（四）农牧民合作医疗制度现存的问题

具有西藏特色的农牧民医疗制度，是现阶段解决农牧区缺医少药、保障人民群众健康的最佳途径，也是继免费医疗制度改革后农牧区医疗保障制度改革的又一次重大突破。事实证明，现行的农村医疗合作制度在保障广大农牧民健康、保护农牧业生产力、振兴农牧业经济和维护社会稳定方面发挥了巨大的作用。

但是我们在调研中还发现一些问题，值得引起注意。

1. 农牧民的自我保健意识和健康风险意识薄弱，互助共济的观念还有待提高

由前面的分析得知，尽管杰德秀居委会大多数农牧民对农村合作医疗制度持积极拥护和支持态度，但是仍有一定比例的农牧民对农村合作医疗的重要性认识不够，自我保健意识和健康风险意识薄弱，互助共济的观念还十分淡漠。调研中我们了解到，由于受水质和公共卫生条件的影响，杰德秀居委会的传染病发病率较高，其中主要是乙型肝炎。据当地农牧民介绍，很多孩子考上了内地西藏班，却因为身体不合格而不能上学，这给家庭带来了巨大的痛苦。以前限于经济条件的影响，许多家庭往往有病不看，有病不报，从而耽误了治疗时间。农牧区合作互助医疗制度的实施，无疑给看病困难的家庭带来了希望，但是从实践来看，一些农牧民仍然停留在免费医疗的观念上，对家庭筹资积极性和热情还不高，健康风险意识有待进一步提高。

调研结果显示，相当一部分的参合农户是在干部到家中做说服工作后才缴纳的，还有一部分农户只是盲目地"别人缴，我也缴"。

2. 缺乏必要的农村卫生基础设施和专业人才

合作医疗的医疗保障作用是通过各级（村、乡、县、地区和自治区）医疗机构提供的医疗保健服务实现的。其中，乡（镇）卫生院是合作医疗参保者最主要的就诊点。但是从杰德秀居委会卫生院的基本情况看，还缺乏必要的农村卫生基础设施和专业人才。一方面，卫生院基础设施差，其建筑规模、设施、布局不符合医疗流程，缺少必要的诊治条件，不能开展三大常规检查，医生看病还只能凭老三件（温度计、听诊器、血压计），同时还无住院设施，显然，这样的诊治条件是难以为合作医疗提供有效服务的。另一方面，卫生技术人员少，目前，杰德秀居委会卫生院现只有2名卫生员，而镇合作医疗办公室也只有1人。队伍的不足直接影响农牧民的医疗质量和安全。

3. 补偿方式的时间问题

从补偿方式看，杰德秀居委会采取一年统一报 2 次的事后补偿方式，上半年一次，下半年一次。据当地农牧民反映，这种补偿方式使得就诊者要将补偿凭证保留很长时间，可能出现因保管不善而丢失的情况，从而影响医药费用的补偿。另外，有的因家离补偿点较远而难以去办补偿手续（一次门诊实际得到的补偿一般只有几元或 10 多元，补偿往返一次路程有几里或几十里，误工耗费不划算）。这就使得部分就诊者（主要是门诊就诊者）的看病补偿得不到兑现，感受不到合作医疗的好处，影响继续参加合作医疗的意愿。

4. 补偿水平（比例）中的问题

参加合作医疗的农牧民，原则上先由患者自己支付医疗费用，然后根据所支付费用的发票在参加合作医疗的定点医疗机构进行报销。目前，医疗费用的补偿对在不同级别医疗点就诊规定了不同的补偿比例。总的情况是：在村、乡级医疗机构就诊补偿水平高，依此向上逐减。在补偿类别上，门诊补偿大于住院补偿。这样的补偿规定，加上看病就近和转诊制度的制约，使得参保者看病主要集中在村医疗机构，补偿经费大部分用在乡、村级的门诊补偿上。而目前杰德秀居委会卫生院缺少住院条件，这种一次几元或 10 多元的补偿对减轻就诊的负担无实际意义，是一种低效保障。另外，对杰德秀居委会合作医疗的调研统计显示，间期（半年或一年）的实际补偿费用一般只占同期实有报偿经费的 50%～75%，合作医疗实有报偿经费有较大累积。

5. 合作医疗的管理与监督问题

合作医疗补偿制度规定，补偿须凭就诊处方、合作医疗证和缴费发票，经专人审批后获得补偿。但调研中我们发现，这一程序在一些乡镇未得到严格执行，或仅凭缴费发票或不经专门审批或审批把关不严就给予补偿，以致出现多报虚报等现象，造成合作医疗资金的不正当流失。从就诊管理看，其主要问题是就诊、转诊制度没有得到严格执行。一些医务人员看病不登记，开人情处方、大处方，转诊制度执行不好，优亲厚友，从而造成了就诊服务上的不公平。另外，农村合作医疗管理办公室和卫生院没有将整体和个人补偿情况按要求定时张榜公布，群众无法了解资金补偿情况，难以参与管理和监督。

（五）个案分析

对于农牧民家庭农村合作医疗的报销情况，我们以案例对此加以说明。

我们调查的对象名叫巴果，60 岁，女，没有文化，有 7 个孩子，5 男 2 女。大女儿家住在附近，大儿子和四儿子现在家务农，二儿子在吉雄镇上班，三儿子在阿里地区上班，五儿子在拉萨当导游。二女儿在成都读大学，现在家里住有 3 人。

巴果住在康鲁商业街上，住房面积 670 平方米左右，房屋是 2004 年新建的，共有 22 间，花了 23 万元左右，现在租了一些房屋出去。

巴果告诉我们，以前合作医疗没有报销过，第三代合作医疗是从 2002 年开始的。巴果有两次生病报销了 266.9 元。

家庭医疗账户本（见图 6 - 5）的首页是持证须知，其基本内容如下。

图 6 – 5   西藏自治区农牧区家庭医疗账户本
(2007 年 3 月 24 日   郑洲摄)

（1）本证是持证农牧民到各级医疗机构就医和享受医疗费用报销补偿政策的有效凭证。农牧民家庭成员在各级医疗机构就医和到县（市、区）、（乡）镇医管会报销时必须携带。

（2）缴纳个人筹资的农牧民家庭账户基金，从医疗总基金的 60% 划入；未缴纳个人筹资的农牧民家庭账户基金，从国家财政安排的免费医疗专项经费合作医疗补助经费及自治区三级政府财政安排的免费医疗专项经费的 60% 划入。

（3）家庭账户基金主要用于农牧民基本医疗费用的补偿。

（4）本证应妥善保管，不得涂改、伪造和转让。如有遗失，须及时向乡（镇）医管会办公室申请补发。

（5）本家庭账户基金有继承权。

第二页便是户主的基本情况，包括姓名、性别、出生日期、住址等情况；第三页是家庭成员花名册以及与户主的关系。

从巴果家庭医疗账户基金总账看，2004 年医疗账户总人数为 3 人，总医疗基金为 192 元，国家财政补贴 15 元，合作医疗补助 10 元，自治区财政补贴 10 元，地市财政 3 元，县财政 3 元，个人缴费 24 元，按 60% 划入本家庭账户的基金总额为 115.2 元（见表 6 - 8）。

表 6 - 8　巴果家庭医疗账户基金总账

单位：元

年度	本户总人数	本户总医疗基金	国家财政	合作医疗补助	自治区财政	地市财政	县财政	个人缴费	其他	按 60% 划入本家庭账户的基金总额
2002～2003	—	—	—	94.5	—	—	—	—	—	—
2004	3	192	15	10	10	3	2	24	—	115.2
2005	4	416						24		249.6

资料来源：课题组调研。

就家庭医疗账户基金及家庭成员就医明细账看，巴果一共报销过两次，共计 266.9 元，其中第一次报销金额为 200 元，第二次报销金额为 66.9 元。巴果说，有了农村合作医疗，生了大病不用愁，有国家救助保障，给家庭减轻了很多负担（见表 6 - 9）。

表 6 - 9　家庭医疗账户基金及家庭成员就医明细账

单位：元

患者姓名	就医时间	就医医疗机构	本账户基金合计	本次就医医疗费用	核销金额	免收金额	报销金额	家庭账户基金余额	经办人签名	患者签名
巴果	—	—	209.7	—	—	—	200	9.7	—	—
巴果	—	—	259.3	—	—	—	66.9	192.4	—	—

资料来源：课题组调研。

第三节　社会保障和救济

社会保障在推进杰德秀居委会经济社会发展中发挥着巨大的作用，如解决大灾之年受灾农牧民的基本生活，保障特困群众、五保户家庭的基本生活所需。而政府的救灾救济行动通常与维护农牧业生产安全和加强低收入群体生活保障相联系。

课题组在调查中了解到，得益于独特的民族手工业和便利的交通条件，杰德秀居委会整体经济发展水平较高，在全镇位居前列。但是伴随着经济发展，另一个问题正日益凸显出来，那就是农牧民之间的发展差距问题。据课题组了解，杰德秀居委会农牧民家庭有年收入8万元的，但是也有年收入为零的，而自主收入来源少或没有自主收入来源的大多是五保户、特困户等特殊人群。

一　杰德秀居委会社会保障现状

1. 了解特困户和五保户的基本情况，为规范救助创造条件

杰德秀居委会现有特困户13户，五保户15户。工作中，当地居委会和乡镇干部深入特困户和五保户家庭，了解他们的基本生活情况，测算其基本的生活标准，为开展农村特困群众的最低生活保障和规范救助工作积极创造条件（见表6-10）。

表 6 – 10　杰德秀居委会特困户和五保户统计

单位：户

特困户统计	13
五保户	15

2. 完善救灾机制，保障受灾农牧民的基本生活

杰德秀居委会地处雅鲁藏布江中游河谷地带，北邻雅鲁藏布江，地势比较平坦、宽阔，不时受到水灾的威胁。1998 年的特大洪水给当地农牧民的生活带来了严重的影响。同时，杰德秀居委会的农业生产还存在一定程度的"靠天吃饭"情况，农牧民的基本生活受自然灾害的影响较大。为保障受灾群众的基本生活，杰德秀居委会完善救灾工作机制，从粮食发放、衣被等各方面保证了灾民的基本生活，维护了社会稳定。同时，为了加大救灾工作力度，完善救灾工作机制，更好地控制灾情并使其降到最低限度，贡嘎县民政局结合贡嘎县气候多样情况和灾害规律，完成了《贡嘎县救灾预案》，该预案已经县政府批准实施。

3. 对特困群众的生活救助实施规范化管理

根据县民政局的相关精神，杰德秀居委会将本辖区内生活特别困难、难以维持基本生活"不救不活"的特困家庭列为救助对象，根据家庭困难程度确定补助标准，按程序办理申请、审批手续，发给《农牧区特困群众生活救助证》，并兑现救助款（见图 6 – 6）。

农牧区特困群众救助对象分为常年救助对象和临时救助对象两大类。

（1）常年救助对象分为因病、因残、因灾害导致家庭丧失主要劳动力以及因家庭未成年人子女多，靠自身收入无法维持基本生活的农民家庭。

图 6 - 6　农牧区特困群众生活救助证
(2007 年 3 月 28 日　郑洲摄)

(2) 临时救助对象为有劳动能力，但因病、因残、因灾害、因自然条件等原因，造成基本生活临时困难的农牧民家庭。

从救助标准看，主要是根据农牧民基本生活需要、特困群众的生活困难程度及财力状况等来确定，原则上困难大的多补助特别是老弱病残、无劳动能力的多补助，困难小的少补助。按照贡嘎县农牧区生活习惯和饮食结构，救助标准分为：(1) 生活在农牧区的按照每人每年 240 元的标准救助；(2) 生活在半农牧区的按照每人每年 260 元的标准救助。

另外，对农牧区特困户的生活救助采取款物相结合的方式进行发放，救助对象凭证每季度到乡 (镇) 人民政府指定的发放点领取，个别交通不便的地方可按半年一次发放，最长不得超过一年。

4. 切实做好救助资金的筹措和管理工作

在经费管理上实行专项管理、专款专用、按时等额发放。社会救助资金筹措按照分级负担的方式进行筹措，由自治区财政承担 60%，地区财政承担 30%，县财政承担 10%。县民政局每年根据确定的救助对象、救助标准等情况，编制第二季度的用款计划，送县财政局列入年度财政预算，并随着经济的发展、困难群众的增减而适时调整。同时积极发动社会力量，广泛开展"四民活动"、社会捐助等各种扶贫帮困送温暖活动，确保农牧区特困群众的救助金到户。

另外，对农牧区特困群众生活救助实行"三公开一监督"，即救助政策公开、救助对象公开、救助程序公开，自觉接受社会监督，促进农牧区救助工作公平、公正、合理、有效。

5. 修建敬老院，解决弱势群众的住房问题

针对无住房的五保户、特困户、残疾户、孤寡老人等弱势群众大量存在的情况，杰德秀镇安居工程指挥部深入调查，精心安排布置，于 2006 年 10 月开始着手修建杰德秀居委会养老院。2006 年 12 月底养老院主体工程已完成，养老院占地面积 2341.7 平方米，建筑面积 1235 平方米。养老院的修建能够解决 18 户无住房又无能力建房者的住房问题，使他（她）们能够感受到党和政府的温暖，更加体现社会主义新农村建设的成果。

6. 开展"四民"活动，关怀困难群众的基本生活

所谓"四民"，即察民情、解民忧、安民心、帮民富。自"四民"活动开展以来，杰德秀镇全体干部职工先后向贫困户帮扶对子送去食品、衣物、建筑材料、现金，并为部分贫困对子办理了合作医疗，总计折合人民币达 6850 元。杰德秀居委会的相关特困户、五保户都有了干部帮扶者，

在"四民"活动中感受到了关怀和温暖。

我们了解到，杰德秀居委会一些特困户、五保户都有固定的帮扶者，当他们生活有困难时，可以和帮扶者联系，请求他们的帮助。杰德秀居委会特困户阿南（见图 6－7）告诉我们，帮扶对象每次来看他都会给他带一些清油、粮食、玉米，他生活有困难的时候还可以直接找帮扶者。

图 6－7　特困户阿南（2007 年 3 月 28 日　郑洲摄）

二　社会保障中面临的问题与困难

杰德秀居委会在社会保障方面取得成绩的同时，我们还必须清醒地看到，其社会保障工作仍面临着一些困难，任重而道远。

（1）杰德秀居委会位于西藏自治区南部、雅鲁藏布江中游河谷地带，贡嘎县城东侧，北邻雅鲁藏布江，海拔3560 米。特殊的地理环境和自然条件，决定了该地区是一个灾害易发、多发区，从而导致部分群众生活贫困。灾害加剧贫困，贫困制约救灾。

（2）除了因灾致贫外，杰德秀居委会农牧民仍受到因病致贫的威胁，社保工作和救助工作压力大。在实地调研中我们发现，杰德秀居委会80%的贫困户都是因病致贫或返贫的。在杰德秀镇政府的文件中，我们见到了数十份恳请解决医疗费的报告。

（3）物质扶贫较多，精神、智力扶贫较少，导致有些贫困户产生依赖思想。在目前的扶贫受点中，大部分偏向于物质扶贫，而忽略了精神和智力扶贫，部分贫困户"等、靠、要"思想严重。

三　相应对策和建议

（1）进一步加强救灾救济工作。针对自然灾害多发的情况，应积极做好预防自然灾害的准备工作，确保在灾害发生时，及时安排救灾救济款物，开展卓有成效的救灾工作，确保受灾群众"吃好、住好、穿好"。巩固和发展农牧区救灾扶贫互助储金会、储粮会、储草会，完成"三储会"的整理和检查工作，以充分发挥其在救灾扶贫工作中的积极作用。

（2）认真抓好扶贫工作。在扶贫工作中，要坚持"两个为主"，即以扶持生产、扶持个体经营为主的方针。认真贯彻《西藏自治区农牧区救灾扶贫互助储金会章程（试行）》和《资金使用管理试行办法》，通过农牧区救灾扶贫互助储金会和小型扶贫救灾经济实体的发展，来帮助贫困群众脱贫致富。

（3）由"输血型"扶贫向"造血型"扶贫转变。建议由传统的"输血型"扶贫向"造血型"扶贫转变。在给予物质扶贫的同时，多实施精神上、智力上的扶贫，多鼓励和引导贫困户更新思想观念，转变生产生活方式，走自主脱贫致富之路。

（4）加强以救灾、救助、捐赠等为主体的社会救助体系建设。在建立适应新形势要求的社会救助体系上实现新突破，大力推进社会救助制度建设，系统建立起以农牧区特困群众救助为主体，以临时救济为补充，以社会互助和优惠政策相配套的社会救助体系。

个案 6-1　贫困户

次吉，妻，现年（2007 年）47 岁；赤列，夫，现年（2007 年）52 岁，患神经性瘫痪 4 年；长子旦增，现在西北师范大学读书，学制 4 年，现读大二；次女在家待业；老三穷吉，现就读于贡嘎县中学，该生品学兼优，多次获得学校颁发的奖项。家中总耕地面积 4.3 亩，其中湿地有 1.8 亩，无法耕种，又因其家庭缺少劳动力，实际耕地面积不足一亩，年粮食产量只有 190 斤左右；牲畜 2 头，年均纯收入不足 500 元。

由于缺乏劳动力，家庭经济状况不好，一直过着贫穷节俭的生活，家庭负担相当重。丈夫赤列的病花光了家里所有的积蓄，加上长子旦增读书的费用很高，使得家里更是雪上加霜；次女德庆在家待业，偶尔外出打工，收入也很有限，所以只能依靠次吉外出务工，为家里创造一点微薄的收入来维持基本生活。

个案 6-2　因病致贫（一）

杰德秀居委会二组村民旺杰，男，现年（2007 年）64

岁。该家庭人多地少，缺少劳动力又无任何经济来源，生活非常困难。

自 2005 年 12 月以来，旺杰患上了肾炎，病情恶化，住进医院，但是病情未能好转。为了早日康复，旺杰转移到西藏自治区第二人民医院进行治疗，在近一个月的治疗期间，花去了 2 万多元的医疗费，其中这 2 万多元的医疗费还是从亲属和邻居处借来的。为了减轻家庭经济负担，不得不转移到家里进行治疗，虽然病情慢慢好转，但由于吃药量过大，又患上了肝病，从而给家庭带来了更大的负担。

个案 6 - 3　因病致贫（二）

杰德秀居委会九组村民尼玛，男，现年（2007 年）45 岁，现有家庭成员 5 人。他于 2004 年 12 月开始患病，后经过地区人民医院诊断患有急性坏死性胰腺炎、酒肝、胃溃疡等病。该村民于 2 月 17 日住院治疗达一个多月，其间共用去近 1 万多元的治疗费。之前在当地及县人民医院进行门诊治疗，用去了 5000 多元的治疗费，加上该村民家中只有一个劳动力，其妻子也是体弱多病之人，三个子女都在上学，家中生活特别困难。

个案 6 - 4　因病致贫（三）

杰德秀居委会二组村民阿丽，男，现年（2007 年）35 岁。家中只有 4.8 亩地，两个孩子尚未成年，加上妻子因病久治不愈，给其家庭带来了极大的困难。为使妻子早日病愈出院，该村民已向各大医院支付了 53500 元的高额费用，但病情仍未好转，为继续治疗妻子的病，他又向银行和亲朋好友借了 29000 元的债务。因其妻子患的是肺结核，医治

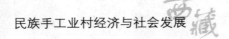

周期极长，现该家庭的经济已到了无法承担的地步。

个案 6 – 5　因病致贫（四）

　　米玛次仁，男，35 岁，杰德秀居委会一组村民，不幸在 1999 年患肝炎、胃病等，至今已做了三次手术，但病情始终不见好转，为治疾病已花费了 4 万多元，其中向中国农业银行贷款 3 万元，向村民、亲属借了 8000 多元。家里只有 1 亩多地，还要供孩子上学，加上身体状况越来越差，现在根本无钱治病，家中也面临揭不开锅的地步。

第七章　基本生活

第一节　住房

　　我们在调研期间，正值杰德秀居委会安居工程建设时期，沿 101 省道和杰德秀镇政府周围，随处可见安居工程的建设场面（见图 7 - 1）。

　　一位年龄较大的农牧民告诉我们：旧西藏时期，他们没有土地和草场等基本生产资料，连自己的人身也被三大

图 7 - 1　农牧民正在进行安居工程建设
（2007 年 3 月 27 日　郑洲摄）

领主占有，没有丝毫的人身权利和自由，不过是农奴主的生产资料和生产工具，住房条件和生活环境极其低下，经常是和牲畜睡在一起。民主改革后，尽管第一次拥有了自己的房子，但那时当地的房子大多是茅草房子，条件很差，每逢下雨到处漏雨，现在国家给补助盖新房，住房条件变化很大，这是原来不敢想象的。

从当地农牧民现有住房条件看，住房一般分为上下两层。楼下是用来养牲畜和堆放杂物的，楼上则是基本的生活区，包括客厅、厨房和卧室，稍微富裕点的家庭，一般楼上还设有一间经堂。

楼上的第一间通常是客厅，呈长方形，冰箱、录音机、电视机等家用电器一般都放置在客厅里（见图7-2）。

图7-2 农牧民家客厅一角（2007年3月24日 郑洲摄）

楼上的房屋一般要装修，并有绘画。我们调研得知，如果在安居工程期间绘画（见图7-3），可列入安居工程中的改造项目，列入项目的户便可得到一户5000元的政府补贴。在对杰德秀居委会50户的调研中我们发现，至少有10户以上已完成安居工程的改造项目。其中一户的主人告诉我们，房屋的绘画和装修一般要用 1 万元左右，除了政府的补贴外，自己还需要支付 5000 元左右。

图 7-3　房屋顶的绘画（2007 年 3 月 28 日　郑洲摄）

第二节　食品①

食品是家庭开支的主要项目，占每年货币支出总额的 60%～70%。与住房、衣着的需求不同，食品是需要每天支付的，并且需求迫切，而住房费用无须每天支付，衣服也不像饭食那样迫切。为了维持正常生活所必需的一定数量的食物，或多或少是恒定的，因此它在家庭生活中成为一个相对恒定的项目。

各民族、不同地区的人民都有不同的膳食特点。在杰

---

① 资料来源：根据北京旅行网和调查资料整理而得。

德秀居委会，我们看到了西藏农牧民的膳食更具有其独特的民族特色，他们的食品包括糌粑、酥油、酥油茶、甜油茶、甜茶、牛肉、奶渣、青稞酒、豌豆、蚕豆等。特别是糌粑、酥油茶、甜茶、青稞酒，独具民族饮食文化特色。

一　糌粑

糌粑是藏族的主食。藏族人一日三餐都有糌粑。实际上，糌粑就是用青稞制成的炒面。它是将青稞麦炒熟、磨细、不经过筛滤而成的炒面，与中国北方制作的炒面有点相似，区别是北方的炒面是先磨后炒，而西藏的糌粑却是先炒后磨，而且不除皮。

吃糌粑时，先在碗里放上一些酥油，冲入茶水，放上炒好磨细的青稞面，然后用手将面与茶水搅拌在一起。搅拌时，要注意先用中指将炒面向碗底轻捣，以免将茶水溢出碗外；然后轻轻转动着手中的碗，并用手指紧贴碗边将炒面压入茶水中；待炒面、茶水和酥油拌匀，能用手捏成团，就可以进食了。食用时用手不断地在碗里搅捏，揉成团，用手往嘴里送。藏族群众吃饭一般不用筷子、勺子，只用手抓。

另一种吃法是烧成糊状，里面放些肉、野菜之类的，叫"糌土"。糌粑有青稞糌粑、豌豆糌粑、青稞与豌豆混合糌粑等。青稞的制作分为特细、中细和粗糙等类别。糌粑比冬小麦营养丰富，携带方便，出门只要怀揣木碗和"唐古"（糅合糌粑的小幅獐子或羊皮囊），吃时再加适量的茶水就行，无须生火做饭。

二　酥油茶

在西藏，家家都离不开酥油茶。酥油茶是每个藏族人

每日不可缺少的食品。牛、羊是西藏人生活中不可缺少的
一部分，而制作酥油茶的酥油就是从牛、羊奶中提炼出来
的。牧民们传统的提炼酥油方法是：先将从牛、羊身上挤
出来的奶汁加热，倒入特制的大木桶中（这种桶当地叫
"雪董"，是专门用来提炼酥油的，高约4尺、直径在1尺左
右），然后用专用的酥油用具用力上下抽打奶汁，来回数百
次，搅得奶汁油水分离，上面浮起一层湖黄色的脂肪质。
这时就可以将这层脂肪质舀起来，灌进皮口袋中，冷却了
便成酥油。现在，许多地方逐渐使用奶油分离机来取代人
工提炼酥油。一般来说，每百斤奶可提取5~6斤酥油。

　酥油有多种吃法，主要是打酥油茶喝，也可放在稞粑
里调和着吃。逢年过节炸果子，也用酥油。藏族群众平日喜
欢喝酥油茶。制作酥油茶时，先将茶叶或砖茶用水久熬成
浓汁，再把茶水倒入"董莫"（酥油茶桶），再放入酥油和
食盐，用力将"甲洛"上下来回抽几十下，搅得油茶交融，
然后倒进锅里加热，便成了喷香可口的酥油茶。

三　青稞酒

　青稞酒是用青稞酿成的度数很低的酒，藏族群众男女
老少都喜欢喝，是喜庆过节必备之饮料，青稞酒的制作工
艺很独特（见图7-4）。先将青稞洗净煮熟，待温度稍降，
便加上酒曲，用陶罐或木桶装好封闭，让其发酵，两三天
之后，加入清水，盖上盖子，隔一两天后便成青稞酒了。
青稞酒色泽橙黄，味道酸甜，酒精成分很低，与啤酒类似。
喝青稞酒讲究"三口一杯"，即先喝一口，倒满，再喝一
口，再斟满，喝上第三口，斟满干一杯。一般酒宴上，男
女主人都会唱着酒歌敬酒。盛大宴会上，有专门的敬酒女

郎，她们穿着最华丽的服饰，唱着最迷人的酒歌，轮番劝饮，直到客人醉倒为止。

图 7 - 4　巴果家正在酿制青稞酒（2007 年 3 月 24 日　郑洲摄）

四　风干牛、羊肉

图 7 - 5　风干的牛羊肉
（2007 年 3 月 28 日　郑洲摄）

风干肉往往是在每年的 12 月底做，这时气温都在零摄氏度以下。通常将牛、羊肉切成条状，也有的抹上盐和一些野生的作料，挂在通风、阴凉的地方，让其冰冻风干，既除水分，又保持鲜味（见图 7 - 5）。第二年春季即可食用，口感酥脆，味道鲜美。

五　干酪

　　干酪有两种：一种是乳汁提取酥油后剩下的物质，经烧煮，水分蒸发后凝结成块，然后将它压成饼状，或切成条块状晾干食用；还有一种，用酪浆烧煮，晾干后结丝状或粒状，有甜酪干、酸酪干、白酪干、青酪干等。

六　酥油

　　酥油是从牛、羊奶中提炼而来。传统的做法是：将奶汁倒入叫做"雪董"的特制大桶里，用力上下搅拌来回数百次，搅得油水分离，表面便浮出一层淡黄色的脂肪质，把它舀起来，冷却后便成酥油。酥油具有很高的营养价值。藏族群众（特别是牧区群众）日常的热量除了肉外，便靠从酥油中摄取了。酥油的吃法有很多，主要是打酥油茶喝。逢年过节，人们炸果子"卡赛"也用酥油。

七　甜茶

　　做法：先用红茶熬汁，再加入牛奶、白糖，香甜可口，营养丰富。亚东地区的甜茶做法尤其讲究，更是别有风味。

　　杰德秀居委会的农牧民告诉我们，吃不完的青稞和小麦便拿到市场上去出售，换得钱用于其他开支。巴果告诉我们："1公斤青稞的当地市场价是1.4元，按每公斤脱皮折扣2两加工成糌粑卖，1公斤最高能卖到3元钱。"

　　农牧民对蔬菜的需求较小，主要是因为当地的气候条件不适宜蔬菜的生长。到市场上去购买蔬菜来消费，对于一般的家庭而言，是不可能的，因为蔬菜价格较贵，基本上萝卜、芹菜等价格都在 2 元/斤左右。

而当地购买蔬菜较为方便，调研期间，我们看到康鲁商业街每天都有专门卖新鲜蔬菜的，主要是萝卜、白菜、芹菜等。据当地农牧民说，偶尔家里来了客人，就会去商业街买菜来招待，家庭富裕的人家也会比较重视饮食营养搭配。

村民自己种植油菜，食用油可以用自家生产的油菜换得，食糖、盐以及其他烹调必需品主要通过外部购买。

第三节　运输及衣着

一　运输

村内的主要运输工具是车，这与旧西藏有着显著的区别。当地农牧民告诉我们，过去仅有的交通工具便是为数不多的马车，去一趟拉萨需花两天时间。20 世纪 70 年代，开始有了公共汽车，但数量有限，能够搭上车的很少。20 世纪 80 年代，成群结队骑着自行车上工的年轻人是颇能引起很多人羡慕的。拖拉机进入乡村以后，马车和毛驴板车开始销声匿迹；到了 20 世纪 90 年代，随着国家投巨资修建柏油马路，中巴车、出租车逐渐多起来，当地老百姓也开始买起了私家车，出现了与中巴车争抢旅客的现象。调研期间，我们每天都会见到在 101 省道左侧停有 3～4 辆从事个体运输业的面包车。他们不仅方便了当地农牧民的生活，而且也解决了自身的就业问题，增加了家庭收入。

村里 70% 的家庭都有拖拉机（见图 7-6），因此，基本上每家都有一个人会开拖拉机，但是拖拉机并不用于运输，主要作为农业机械化的工具。没有拖拉机的家庭，在

农业耕种时便租用其他家的拖拉机，通常租金是 1 亩地 20
元。但对于那些没有拖拉机、经济条件较差的家庭来说，
他们一般不租用别人的拖拉机，而是选择靠人力耕种。

图 7 - 6　农牧民家中停放的拖拉机
（2007 年 3 月 27 日　郑洲摄）

二　衣着

尽管杰德秀居委会盛产邦典和氆氇，但是人们的着装
大部分依赖外部供应。本村生产的邦典和氆氇主要供应外
部市场和出口，并非为了本村消费。

我们了解到，当地农牧民的衣着较之过去发生了巨大
的变化，过去藏族农民、牧民的传统衣着，大体概括为：
"一件氆氇袍，终年不离身"；"一件羊皮袄，当衣又当被"。
现在一般只有年纪大一点的妇女才穿氆氇和围裙，40 岁以
下的妇女基本都不穿，而是直接从外面买现成的衣服穿。
除了一般的保暖效果外，年轻女孩子大都追求质地考究、
款式新颖的现代流行服饰。男人、小孩的衣服也是直接从

外面买回来的。走进康鲁商业街的商店，我们可以看到形形色色的，包括中档西装、皮夹克、羽绒服、旅游鞋等。店主告诉我们："这些衣服现在在农牧区销路甚广，年轻人'赶时髦'的速度，不亚于城里人。即使在劳动期间，穿补丁衣服的也几乎看不见。"

据估算，一个普通的家庭，一年买衣服的费用估计在1000元左右。

第四节　能源

能源是与农牧民基本生活密切相关的。从杰德秀居委会目前的生活能源看，大多数农牧民家庭仍多以薪柴和晒干的牛粪为主，尽管也有使用液化石油气能源的，但这仅限于生活富裕的少数家庭。除了薪柴和牛粪，农牧民用得最多的便是太阳能，调研中，我们在每户农牧民家中几乎都能看到太阳灶，这说明太阳能作为生活能源已逐渐得到普及，但农牧民告诉我们，太阳灶一般只用来烧水（见图7-7），取暖、做饭还是主要靠薪柴和晒干的牛粪（见图7-8、图7-9）。

图7-7　太阳灶　　　　　　图7-8　传统炉灶
(2007年3月23日　郑洲摄)　　(2007年3月22日　郑洲摄)

图 7 - 9 晒干的牛粪（2007 年 3 月 26 日 郑洲摄）

据调查，该居委会能源消费中畜粪所占比例最大，达到 45% 以上；其次是薪柴，占 40% 以上。由于气候条件和炉具的原因，薪柴利用率只有 15% 左右，不仅对资源造成了极大的浪费，而且影响生活质量。

入户调研时，我们随处可见堆集的薪柴、畜粪，由于大量使用畜粪、柴草等生物质能源，给当地环境带来了较大影响，不仅造成居住环境"脏、乱、差"，而且容易诱发火灾、疾病等安全隐患。

我们在贡嘎县政府调研时了解到，贡嘎县目前正在积极推广沼气项目。农牧局的人员告诉我们，根据农业部和自治区农牧厅的统一安排，2007 年该县将实施农村沼气国债项目，项目涉及 8 个乡（镇）的 1500 户农户。随着沼气项目的实施，西藏农村长期以来"烟熏火燎"的厨房正在因为沼气的使用而改变，清洁的沼气提高了西藏农牧民的生活质量，同时随着传统薪柴能源结构的改变，农村环境会有极大改善。

在沼气项目设计和建设过程中，坚持五个原则：（1）

坚持突出重点、集中连片的原则。具备建设条件的农户，在项目安排上给予优先考虑。项目集中建设形成规模，沼气项目户的安排相对集中。（2）坚持因地制宜、量力而行的原则。项目设计要严格考察各项目点地理环境、气候条件、生产结构、经济条件等重要因素，量力而行。（3）坚持政府引导、群众自愿的原则。必须加强领导，建立合理的投资机制，发挥政府、集体、农民等各方面的积极性。要尊重农民的意愿，不搞强迫命令和一刀切。（4）坚持保证质量、安全生产的原则。沼气建设必须实行标准化和专业化施工，实施就业准入制度。（5）坚持技术规范、综合建设的原则。结合民房改造展开，与改厕、改圈、改厨（简称"一池三改"）同步进行，营造生态家园，使建池农户获得综合效益。

就项目布局及内容看，按照"充分论证，做好选点；不求数量，注重质量；重在示范，取得实效"的原则和目标，贡嘎县计划设立项目建设点8处，共计建设项目户1500户，具体情况如表7-1所示。

表7-1　沼气项目布局

单位：户

乡　　镇	户　　数
甲竹林镇	450
岗堆镇	150
江塘镇	150
东拉乡	150
吉雄镇	150
昌果乡	150
杰德秀镇	150
朗杰学乡	150

资料来源：贡嘎县政府。

建设以"一建三改"为主要内容的"四位一体"模式。"一建三改"是指建设一个沼气池,实现改厕、改水、改圈统一实施;"四位一体"是指以沼气能源为核心,以日光温室或暖棚为基本框架,把沼气池、猪(禽)舍、蔬菜栽培室都通通装入其中,使之多业结合,优势互补,在全封闭的状态下形成农业生产的良性循环。

表7-2列出了沼气窖投资概算(含劳务投入),从中可以看出,以无玻璃钢盖沼气窖预算,需要资金3361.82元,以有玻璃钢盖预算,所需资金为3922.82元。若以无玻璃钢盖沼气窖预算,全县1500户共需投入资金5042730元。

表7-2　沼气窖投资概算表(含劳务投入)

内　容	单位	单价(元)	无玻璃钢盖		有玻璃钢盖	
			数量	合计(元)	数量	合计(元)
红　砖	块	0.55	500	275.00	230	126.50
钢　筋	公斤	3.55	4.4	15.62	4.4	15.62
水　泥	袋	27.50	24	660.00	13	357.50
钢　管	根	18.00	7	126.00	7	126.00
薄　膜	米	20.50	5	102.50	5	102.5
PV管101	根	7.00	1	7.00	1	7.00
弯　头	个	3.00	1	3.00	1	3.00
沙　砖	块	0.43	30	12.90	30	12.90
瓷砖50×50	块	5.50	4	22.00	4	22.00
墙砖20×30	块	0.62	40	24.80	40	24.80
线条砖	块	1.00	13	13.00	13	13.00
灶　具	套	300.00	1	300.00	1	300.00
工时费	大工	天	100.00	7	700.00	6	600.00
	群众	天	—	—	800.00	—	800.00

续表 7－2

内　　　容	单位	单价（元）	无玻璃钢盖		有玻璃钢盖	
			数量	合计（元）	数量	合计（元）
玻璃钢盖	个	1112.00	0	0	1	1112.00
温棚建设补助	个	200.00	1	200	1	200
生活费	天	20.00	5	100.00	5	100.00
总　　　计	—	—	—	3361.82	—	3922.82

根据2006年示范户建设和使用情况，建议使用玻璃钢盖。

资料来源：贡嘎县政府。

　　从资金来源看，根据农业部计划，每户示范户国家补助2200元，全县1500户可补助330万元，其余部分为地方配套及群众投入。

　　我们了解到，对于沼气项目的实施，总体而言，杰德秀居委会农牧民表现出极大的热情，但有少部分农牧民表示不愿意参与沼气项目，原因如下："国家只补助一部分，还有一部分需要自己出钱，现在家庭比较困难，希望国家全部投入。"当然，这只限于小部分收入水平较低的农牧民家庭。在康鲁商业街做生意的嘎日说："有了沼气能源，能够减少薪柴、畜粪的大量使用引起的环境污染，使生活质量得到提高，很同意建设沼气项目，并希望尽快普及。"

第五节　文化体育

一　休息娱乐

　　茶馆是当地人休闲的主要场所，康鲁商业街上就有14家茶馆。农牧民在茶馆里喝甜茶和酥油茶，甜茶一般一壶2元，酥油茶一般一壶5元。除了喝茶外，他们常常还会聚在一起打牌。

除了平时茶馆消遣外，人们还要走亲访友。但是茶馆娱乐、走亲访友都是非正式的，不是必须履行的。从这一点来讲，这些活动与节日期间的聚会有所不同。

农牧民告诉我们，以前杰德秀居委会都有表演队，在藏历新年的时候，都演藏戏，但是现在表演队解散了。一位农牧民说："以前有表演队的时候，可以经常看表演，特别热闹，现在解散了，少了过节的氛围，希望表演队能重新建立起来。"

图 7-10　农牧民的娱乐活动
（2007 年 3 月 26 日　郑洲摄）

二　农牧民文化信息设施

调研得知，该村与文化信息相关的设施较为缺乏。目前村里没有广播，没有电影放映，没有图书馆，没有村文化活动室。村民平时的文化活动有限，茶馆成了大家消遣的地方。

　　农牧民主要是从电视里获取相关信息，但是一位农牧民向我们说："现在的电视也只能看藏语频道，收看到的台数有限。"

三　农牧民体育设施

　　村里没有专门的文化体育设施，没有篮球场、乒乓球台，没有运动场地。我们还了解到，学校里相关体育设施也比较缺乏。

四　文化下乡活动

　　农牧民告诉我们，以前有表演队下乡、电影下乡活动，现在没有了。现在大家的文化生活很单调。

第六节　安居工程

　　作为生活在西藏农牧区的家庭，与维持家庭基本生活相关的最基本的需求就是生活需求，即吃、穿、住、用等。这些从表面上看，是个人需求。但在西藏农牧区，受经济条件的限制，西藏农牧区居民的住房条件比较差。特别是在一些牧区，多数农牧民居住在一些陈旧的帐篷中。因此，要满足这些需求，仍需要政府提供一些相关的公共产品与配套服务。正如有学者指出的那样，按照农村公共产品分类，农村私人房屋不属于农村公共产品之列，西藏安居工程建设中的农牧民住房改造或修建等本应该由农牧民自己完成，不应该纳入农村公共产品供给范围。但由于历史和自然等因素的影响，西藏广大农牧区生产力水平、农牧民生产生活质量仍比较低，自我发展能力还比较弱，仍然需要中央和地方政府加大投入①。

为了解决农牧民的住房问题，"十一五"期间，西藏自治区财政每年安排 1 亿元资金，并积极争取国家投资，整合地方自有资金、援藏资金，并鼓励农牧民群众自筹资金，加快实施以牧民定居、农房改造和扶贫搬迁为重点的农牧民安居工程，力争用 5 年时间，使全区 80% 以上的农牧民住上安全、舒适、适用的新房。截至 2007 年 10 月，西藏安居工程已累计建设完工 51085 户，占年度计划的 98%。其中，绝对贫困户扶贫搬迁完工 2243 户，占年度计划的82.2%；其他贫困户扶贫搬迁完工 5404 户，占年度计划的110%；兴边富民完工 4182 户，占年度计划的 83.6%；游牧民定居完工 6293 户，占年度计划的 157.2%；地方病搬迁完工 965 户，占年度计划的 79%；农房改造完工 31998户，占年度计划的 93.4%。农牧民安居工程已累计完成投资 24.73 亿元。

可以说，将农牧民安居工程纳入公共产品供给范围之列，保障农牧民基本生存条件的改善，不仅是解决西藏农牧民"重大而现实"需要的迫切要求，也是西藏社会主义新农村建设的重中之重和突破口以及在当前形势下继续推进西藏"三农"工作的关键环节。

一　农牧民安居工程建设的理论依据

农牧民安居工程的启动，标志着西藏农牧民住房改造

---

① 杨明洪、安七一、郑洲：《西藏"安居工程"建设：基于公共产品视觉的分析》，《中国藏学》2007 年第 2 期。

或修改被纳入农村公共产品供给范围之列①。所谓公共产品，是相对于个人产品而言的，根据萨缪尔森的定义，公共产品是"每一个人对这种产品的消费，并不能减少任何他人也消费该产品"。

与维持家庭基本生活相关的吃、穿、住、用等基本生活需求，属于个人需求即个人产品范畴，但在西藏特殊的历史和自然条件下，这种本该个人投资的行为转化成了以政府为主导的推进行为，这是有着深刻理论基础的。

公共产品理论认为，由于"免费搭车"问题，公共产品基本上只能由政府与公共企业提供，个人产品则不存在"免费搭车"问题，因此强调个人产品应由私人企业生产，并经由竞争性市场提供。但该理论是建立在市场经济体制比较成熟这一基本假设前提之下的，所考察的政府与市场的分工强调的是弥补市场失灵。对西藏而言，由于其市场经济刚刚起步，广大农牧区经济发展水平以及农牧民收入水平都较低，照搬这一理论进行政府与市场的分工，将个人住房作为私人产品供给，显然不太符合西藏的实际。从西藏实际情况看，当前农牧区的经济发展水平还不高，基本只能维持生产和生活等简单再生产；安居工程的需求主体是大量处于简单再生产阶段的各类农牧户，他们的收入水平状况还不足以完全支付安居工程的各项支出。但由于现有住房条件较差，广大农牧民又有着迫切改善基本居住条件的需求，在这种情况下，要改善农牧民的现有居住条件，必须强调政府"第一推动力"的主导作用，也就是说，

---

① 杨明洪、安七一、郑洲：《西藏"安居工程"建设：基于公共产品视觉的分析》，《中国藏学》2007年第2期。

在特殊自然条件的限制下，西藏自治区面临着大大高于内地其他地区的公共产品和服务的需求。对西藏农村而言，以政府为主导实施农牧民安居工程，改善农牧民的基本生活条件，是公共财政理论和市场与政府分工理论在西藏的特殊实践。

由于西藏独特的自然地理位置和社会经济条件，其农牧民生产生活条件仍比较差，自我发展能力还比较弱，因此，西藏新农村建设也有别于内地其他省区。正如有的专家所说："要充分认识西藏农业和农村的特殊性，在西藏特定的农村基层，有些问题就不是内地那么简单。"[①] 相对于内地其他省区而言，西藏社会主义新农村建设也就显得十分"特殊"。在这种现实环境和新的历史条件下，必须正确分析当前西藏农村经济发展中遇到的各种"重大而基本"的社会矛盾和问题，找到西藏社会主义新农村建设的突破口。从目前西藏社会主义新农村建设面临的主要问题来看，着力解决好农牧民生产生活条件、增加农牧民收入便成为西藏社会主义新农村建设的首要任务，也就是说，实现广大农牧民群众"安居乐业"的安居工程便成为西藏社会主义新农村建设的突破口和切入点[②]。

二　杰德秀居委会安居工程的实施情况

（一）实施原则

为加快杰德秀居委会村容村貌的整体规划，重点进行

---

① 白涛：《从传统迈向现代西藏农村的战略选择》，西藏人民出版社，2004，第 1 页。
② 杨明洪、安七一、郑洲：《西藏"安居工程"建设：基于公共产品视觉的分析》，《中国藏学》2007 年第 2 期。

生态环境的保护、治理和基础设施的建设，优化城镇形式，保护历史古镇文化遗产，营造优质居住环境，促进小康社会、和谐社会的全面建设。在整个安居工程的具体操作过程中，遵循"合理布局、因地制宜、群众自愿、适度集中、人畜彻底分开"的原则。旨在把民房改建工程做成"民心工程、德政工程"，让群众真正受益，使改建工程顺利完成。

（二）成立民房改建领导小组

杰德秀居委会安居工程建设受杰德秀镇的直接领导。根据县委、县政府有关精神，为确保本次农村民房改建工程的顺利开展，杰德秀镇成立了由镇长米玛担任组长、专职副书记格桑次仁担任常务副组长、镇政府副镇长达娃次仁和次仁旺杰及人大副主席罗布仁青担任副组长的领导小组，领导小组成员由杰德秀镇各联村干部和各村支部书记及主任共18名同志组成，领导小组办公室设在镇政府，办公室主任由次仁旺杰副镇长兼任。领导小组下设指挥部，指挥部设在镇党委办公室，指挥部人员组成情况如表7-3所示。

表7-3 指挥部人员组成

总指挥	次　吉	镇党委书记
副指挥	米　玛	党委副书记、镇政府镇长
	格桑次仁	镇党委专职副书记
	次仁旺杰	副镇长、镇机关党副支书
成　员	达瓦次仁	副镇长
	巴　桑	杰德秀居委会支书
	顿　珠	斯麦村党支部书记

资料来源：杰德秀镇政府。

（三）宣传动员，统计造册

为保证安居工程顺利进行，宣传动员、摸底调查统计等基础性工作至关重要。实践中，杰德秀居委会召开群众动员大会4次，同时以小组会议形式进行调查统计，并向群众宣传安居工程的重大意义，以及杰德秀镇2006～2009年安居工程具体实施方案、总体规划、安居工程的基本要求、项目资金筹措情况，特别强调了公路沿线建设安居工程的基本要求、国土资源对农牧民安居工程建设的要求和地质环境对农牧民安居工程建设的要求等正规条例。通过多种形式的宣传动员和摸底调查，宣传面达到100%，让安居工程的优惠政策人人皆知、人人享受。所有摸底调查统计均已登记造册，建立专门档案，并由专人专管。目前，杰德秀镇"十一五"期间列入民房改造项目的总共有1476户，占全镇总户数的98.7%。其中，杰德秀居委会515户，斯麦居委会154户，修吾村231户，果吉村357户，克西村219户（见表7-4）。

表7-4　杰德秀镇安居工程改建户统计

单位：户

居（村）委会	新建户	改造户
杰德秀居委会	280	235
斯麦居委会	99	55
修吾村	71	160
果吉村	295	62
克西村	153	66

资料来源：杰德秀镇政府。

（四）实施进度安排

根据杰德秀镇实际情况，此次安居工程建设分两个阶段进行。

第一阶段：2006 年 3 月 8 日至 11 月，重点对杰德秀居委会、斯麦居委会的 657 户、总计 2881 人的民用房进行改、扩建（其中包括 42 户特困户）。杰德秀居委会、斯麦居委会新建 302 户，改建 355 户，所需资金采取"政府扶持、银行贷款、群众自筹"的方式进行，充分发挥群众的投资主体作用。

第二阶段：2007 年 8 月中旬至 2009 年 2 月上旬，重点对克西村、果吉村、修吾村的 854 户、总计 5090 人的民用住房分批进行改、扩建，装修，其中新建 250 户，改建 604 户，所需资金除农牧民自己能力支付范围外，其他资金由县民房改造专项资金解决。

由于杰德秀居委会是安排在第一阶段进行的，在课题组调研期间，杰德秀居委会已全面完成安居工程的登记造册工作，各项工作进展顺利。

（五）安居工程补助标准和政策

安居工程分新建项目和改造项目两种。因此，补贴标准和政策也分两种。

对改造项目而言，补贴标准为 5000 元/户，做到统计造册，如果是 2006 年报的就必须在 2006 年完成。改建的标准没有严格统一的规定，但必须符合人畜分离的原则，同时必须有厕所，有图画。若达到基本标准，先给付补贴标准的 50%，年底验收合格再支付另外的 50%。

对新建项目而言，补贴标准为 10000 元/户。占地标准规定（见表 7-5）：1~3 人的总面积不能超过 250 平方米，4~7 人的总面积不能超过 350 平方米，7~11 人的总面积不能超过 500 平方米。如果在这个标准里启动，先预付 4000元的国家补贴资金，主体完成后再给付 3000 元，最后验收合格给付剩余的 3000 元。另外，还要求，外面的墙体要用石头不能用涂料（以前的房子是涂的，有些是石料的）。

表 7-5　安居工程新建项目占地标准

人数（人）	占地标准（平方米）
1~3	不超过 250
4~7	不超过 350
7~11	不超过 500

资料来源：杰德秀镇政府。

三　杰德秀居委会安居工程的显著特点

杰德秀居委会在安居工程建设过程中，表现出以下一些显著特点。

1. 落实责任，签订目标责任书

为保证安居工程的顺利进行，杰德秀镇与杰德秀居委会签订了民用爆炸物品管理使用目标责任书，车辆安全、用电安全、施工安全等目标责任书，民房改造工程质量进度目标责任书，同时镇指挥部与各户签订了各项目标责任书。通过与各新建户签订责任书，在很大程度上杜绝了乱占用耕地、乱占用集体地和道路交通堵塞、破损公路等事件的发生。为节约土地资源，杰德秀居委会将每户的占地面积控制在 350 平方米以内。在施工过程中，若发现超过标准或不符合合同内容的建筑，一律取消其享受安居工程政策及补贴的资格。

2. 统一规划，适度集中

由于杰德秀居委会原有房屋建设规划不够科学，居住太过密集，因此在原有规划格局的基础上，做到合理布局、因地制宜、人畜彻底分开有较大难度。为保证安居工程的顺利推进，安居工程办公室根据杰德秀居委会的实际情况，从居民聚集处搬迁 20 户，安置在 101 省道以北（101 省道马路边沟以北 30 米、东侧二级提灌站到西侧防堤坝 316.9 米，共计 14.26 亩的居民建设余留土地范围），建成二层楼房。另外，为了尽量少占耕地、节约土地资源，杰德秀居委会新建 280 户中有 34 户安置在顿布曲果寺上方弃耕地上，命名为瓜江新村。两处都进行统一规划、适度集中，其余部分属于就地改造。斯麦居委会新建 99 户中有 20 户统一安置在杰德秀营业所上方空闲地上，也是统一规划、适度集中。截至 2007 年 11 月 30 日两个居委会已新建完工 75 户，改造完工 70 户。落实国家补贴 145 户，共计 71.6 万元；已落实贴息贷款 67 户，共计 152.5 万元，已经着手改造 95 户。

3. 关注弱势群体，安居工程与养老院统筹结合

在全面推进安居工程的过程中，杰德秀居委会很多农牧民盖起了新楼，搬进了新居。但杰德秀居委会仍有一部分孤寡老人、残疾人、五保户及特困户。他们居住条件差，而且一部分人根本就没有住房，长期借住在亲戚家。对这部分人而言，即使有国家安居工程的优惠政策，他们也无力自筹其他所需资金来改善自身的居住条件。换句话说，由于自身的条件，这部分人无法分享国家的惠民政策，但这部分人的住房条件又是亟须改善的。为使国家安居工程

建设的优惠政策人人均享，关注弱势群体的居住条件，杰
德秀镇决定将杰德秀居委会安居工程和养老院统筹建设，
即在养老院建设中，争取国家安居工程的优惠政策。经过
调查和征求意见，自愿进入养老院的孤寡老人、五保户、
特困户有 26 户。其中，五保户、孤寡老人有 9 户，特困户
及残疾 17 户。在争取安居工程按每户 1 万元的安居工程予
以补贴的基础上，镇政府组织村（居）委会、村民小组联
合修建养老院，以改善这部分孤寡老人、残疾人、五保户
及特困户的住房和生活条件。杰德秀居委会养老院于 2006
年 10 月 2 日正式开工，选址在居委会南面、顿布曲果寺上
方瓜江新村原八组弃耕地上，此处总长度 60 米，宽度 29
米，总占地面积为 2341.7 平方米，目前已解决 13 户特困
户、五保户、残疾户及无能力建房者的住房问题。

4. 严格督查，保证质量

在工程建设中，杰德秀居委会始终把工程质量放在首
位，力求把工程建设的目标锁定为："精品环保工程、形象
样板工程、规范管理工程"。同时正确处理质量和进度之间
的关系，在保证质量的前提下，通过科学组织、周密部署，
加快工程进度。对施工现场进行督促和检查，及时纠正问
题，把各种隐患消灭和解决在萌芽状态，以工作过程的零
缺陷保证工程质量的零缺陷，未雨绸缪；严格控制原材料
采购渠道，从根源上保证工程质量。对经过检测不合格的
建房工程，严格按照施工规范进行彻底返工。

另外，为了保证工程质量及进度，突出民族特色，在
预定的时间内按期完工，杰德秀居委会采取了分片负责方
式，逐户进行三次验收。即放线验收、基本框架验收或主
体验收，全面完工验收，及时纠正工程进展中不符合要求

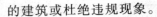

的建筑或杜绝违规现象。

5. 组建农民施工队，增加当地农牧民的收入

在实施安居工程建设中，杰德秀居委会积极组建农民施工队，在为广大农牧民提供服务的同时，也增加了农牧民施工队成员的收入。由表7－6、表7－7可知，杰德秀居委会农牧民施工队总人数为43人，其中女性4人，男性39人。在人员的技术构成上，有石匠10人，木匠6人，泥匠4人，工人16人，钢筋工5人，厨师2人。值得注意的是，在杰德秀居委会农牧民施工队中，还有贫困户18人，参加农牧民施工队，这在一定程度上能增加他们的收入。因此，杰德秀居委会安居工程不仅使杰德秀农牧民从享受国家安居优惠政策和改善住房条件中直接受益，而且给当地农牧民创造了就业机会，使他们在参与安居工程建设过程中间接增加收入。

表 7－6　农牧民施工队人员构成

单位：人

	石匠	木匠	泥匠	工人	钢筋工	厨师
人数	10	6	4	16	5	2

资料来源：杰德秀镇政府。

表 7－7　杰德秀镇杰德秀居委会农牧民施工队

姓　　名	性别	年龄	技术特长
拉　　巴	男	47	石　匠
艾　　啦	男	50	石　匠
白玛旺杰	男	52	石　匠
扎　　西	男	52	石　匠
边　　巴	男	38	石　匠
大边巴	男	40	石　匠
旺　　杰	男	53	石　匠
党　　曲	男	47	石　匠

姓　　　名	性别	年龄	技术特长
普　多	男	48	石　匠
扎　西	男	39	石　匠
阿　列	男	36	木　匠
索　努	男	24	木　匠
米玛次仁	男	17	木　匠
桑　珠	男	19	木　匠
托　杰	男	28	木　匠
次　仁	男	26	木　匠
拉　巴	男	47	泥　匠
艾　啦	男	50	泥　匠
旺　杰	男	53	泥　匠
边　巴	男	38	泥　匠
索　良	男	22	工　人
旺　青	男	25	工　人
阿旺班旦	男	21	工　人
普布扎西	男	23	工　人
达　瓦	男	41	工　人
旦　增	男	26	工　人
次仁多吉	男	37	工　人
米　玛	男	39	工　人
达瓦（女）	女	49	工　人
德吉白玛	女	41	工　人
拉　贡	女	42	工　人
达　珠	男	20	工　人
达　瓦	男	24	工　人
仁增曲杰	男	51	工　人
普布次仁	男	30	工　人
阿旺旦增	男	20	工　人
普布次仁	男	26	钢筋工
仁　增	男	27	钢筋工
边　杰	男	28	钢筋工

姓 名	性 别	年 龄	技术特长
尼 玛	男	25	钢筋工
艾 啦	男	28	钢筋工
边 巴	男	53	厨 师
达 瓦	女	41	厨 师

资料来源：杰德秀镇政府。

四 杰德秀居委会安居工程建设中面临的困难和障碍

从杰德秀居委会安居工程的整体情况看，其推进过程较为顺利，新建户和改造户在全镇的比例较大，绝大多数农牧民参与到安居工程的建设中，享受了国家安居工程的补贴政策，使自己的居住条件得到了较好的改善。调查显示，杰德秀居委会 70% 的农牧民对国家补助较为满意，持无所谓态度或一般的占 20%，不满意的占 10%，这切实地说明了安居工程的成效。

但我们还不得不看到，在安居工程的实施过程中，仍面临着一些矛盾和问题。正确认识和解决这些矛盾和问题，是继续推进安居工程和真正把安居工程做成"民心工程"和"德政工程"的关键。

1. 不同地方补贴标准不一，农牧民反响较大

如前所述，杰德秀居委会有 10% 的农牧民对安居工程补贴政策不满意，究其原因，主要在于他们认为不同地方的补贴标准不一样。有农牧民反映，拉萨周边农村新建项目的补贴标准是 2.5 万元/户 ~ 3 万元/户，而他们新建项目只补贴 1 万元/户，比拉萨周边农村少 1.5 万 ~ 2 万元，对此，一些农牧民反应较大。

2. 资金落实上，缺乏连贯性

课题组从杰德秀民房指挥部了解到，安居工程补贴资金自 2006 年 9 月 5 日就中断了，截至 2007 年 4 月初，2007年的安居工程补贴资金还没有落实。为此，一些农牧民开始怀疑是否是国家取消了这一政策，担心以后没有国家的补贴资金了，农牧民的心里不踏实，不利于社会稳定。因此，资金落实的连贯性应引起有关部门的重视。

3. 土地纠纷不断，不利于推进

杰德秀居委会在安居工程建设过程中，还存在一个比较大的问题，就是土地纠纷问题。这些土地纠纷主要是占用他人土地和集体土地。据杰德秀居委会民房指挥部的工作人员反映，他们几乎每天都要进行实地查看，排解土地纠纷。土地纠纷的存在对安居工程的顺利推进产生了较大的不利影响。

4. 工作任务重，人员少

为确保本次安居工程的顺利开展，杰德秀镇成立了由镇长米玛担任组长、专职副书记格桑次仁担任常务副组长、镇政府副镇长达娃次仁和次仁旺杰及人大副主席罗布仁青担任副组长的领导小组，领导小组成员由全镇各联村干部和各村支部书记及主任共 18 名同志组成。但是安居工程建设实践面临着许多临时性和突发性的问题，另外，新建户、改造户大部分在 2007 年进行，工作任务较重。因此，需要进一步扩充工作人员队伍，以确保安居工程的进一步推进。

五　小结

通过上述分析，可以得出以下结论。

（1）对西藏农牧区而言，实施农牧民安居工程，解决广大农牧民的基本居住条件，不仅是社会主义新农村建设的题中应有之义，也是衡量社会主义新农村建设成果的重要因素。杰德秀居委会农牧民积极参与到安居工程的建设中，"十一五"期间列入民房改造项目的有515项，其中新建280户，改造235户。

（2）关注弱势群体，安居工程与养老院统筹结合，是杰德秀居委会安居工程建设的一大显著特点。针对部分孤寡老人、残疾人、五保户及特困户住房条件亟须改善，但由于自身条件差，无法分享国家安居工程补贴政策的现实情况，杰德秀镇决定将杰德秀居委会安居工程和养老院统筹建设，即在养老院建设中，争取国家安居工程的优惠政策，以使国家安居工程建设的优惠政策人人均享。

（3）我们不能不看到，在安居工程实施的过程中，杰德秀居委会仍面临着一些矛盾和问题，诸如不同地方补贴标准不一，农牧民反响较大；资金落实上，缺乏连贯性；土地纠纷不断，不利于推进；工作任务重，人员少等。正确认识和解决这些矛盾和问题，是继续推进安居工程和真正把安居工程做成"民心工程"和"德政工程"的关键。

（4）在未来安居工程的推进中，应加大安居工程的宣传特别是相关政策的宣传，排除农牧民心中的顾虑。同时，加强对安居工程实施过程的督察力度，对乱占他人和集体土地的情况完善相应的惩戒机制。最后，为适应工作发展的需要，应适当安排专职推进安居工程的工作人员，明确职责，保证安居工程的合理推进。

第八章 民族手工业与农牧民收支

第一节 民族手工业

一 概述

西藏民族手工艺产品充满浓郁的民族风格和地方特色，它们大多被用于满足藏民族特殊的审美情趣和价值取向。这些产品所具有的民族性、地方性和宗教性，是在藏民族社会历史和所处的自然环境的特殊条件下形成的。它反映了藏民族共同的宗教信仰，并在衣食住行及文化生活等方面表现了藏民族的风尚和兴趣，反映了藏民族的生产方式和风俗习惯。因此，西藏的民族手工艺担负着满足藏族人民物质和文化需求的双重任务。

西藏民族手工业产品主要有围裙、藏鞋、民族帽、唐卡、地毯、马垫（套）、银包木碗、绣花帐篷、金银首饰、民族家具、铁器、藏刀、土陶制品、工艺美术以及旅游纪念品等，花色品种达 2000 多种。丰富多彩的民族手工业产品，不仅使西藏的自然和文化特色资源有效地转化为现实的经济优势资源，成为西藏经济进一步增长的一个潜在增长点，而且有效地促进了当地农业原材料的深加工，在延

199

伸农业产业链、促进产业升级、增加农牧民收入和解决劳动力闲置方面发挥了重大作用。据不完全统计，到 2003 年，全区注册民族手工业企业约 108 个，其主要分布在日喀则、拉萨、昌都、山南、林芝等地市，从业人员 9600 多人，产值 1.25 亿元，利税 2854 万元，资产总额 2 亿多元，其中重点民族用品生产及经销企业有 76 家。这其中有地毯企业 16 家、服装鞋帽企业 30 家、铁木家具生产企业 15 家、民族产品经销企业 9 家、工艺美术及资源产品生产企业 6 家。重点民族用品生产及经销企业职工总数 5800 多人。民族手工业家庭专业户（个体户）约 2 万多户，从业人员 8 万多人。

邦典和氆氇等民族手工业对杰德秀居委会农牧民经济生活有着重要的影响，民族手工业收入已成为当地农牧民收入的重要来源。当地人有句谚语："吃饭靠种田，花钱靠邦典"。

杰德秀人早在文成公主时代就掌握了编织精美氆氇的技术，但是以前这里编织的氆氇除了作为贡品进贡给地主和贵族外，就是当地人留下来自己使用，而今，该地盛产的围裙除了供应西藏市场外，还远销到尼泊尔、印度、不丹以及西欧等地。据当地农牧民介绍，杰德秀的邦典之所以出名，据说第一是用料好；第二是工艺细，不论经线和纬线都在 100 根以上；第三是颜色好，鲜明透亮。不管怎么洗，几十年不变色，有的蓝白相间，有的黑白相间，还有素色条纹，更有红、黄、蓝、白、青、橙、紫七种颜色的组合，鲜艳亮丽，如同云间彩虹，把它们制成围裙，再加上绸缎和绣花的装饰，系在不同年龄、不同身材的妇女腰间，是西藏妇女服饰中一个不可缺少的组成部分。

除邦典外，其围裙更是久负盛名，经历代工匠和民众的传承与改良，在产品种类、图案色彩和工艺流程等方面都有很大的发展。1976 年创办的杰德秀围裙厂，开辟了民族手工业产品向正规商品发展的模式，生产包括围裙在内的 30 多种产品，有的还多次获得西藏自治区和轻工部的奖励（但是由于经营的问题，我们在调研时，该厂已经濒临倒闭）。

目前，杰德秀居委会每年从事围裙、氆氇等生产的人数占总人口的 60%（见图 8 - 1），2003 年的收入达 130.48 万元，特色民族手工业为杰德秀经济的发展壮大做出了积极的贡献。为振兴民族手工业，杰德秀按照"引进扩张，培育扶持，改造提升"的思路，突出了手工业的改造升级，使手工业走上了内引外联的发展之路。与青海藏羊集团合作，建立了杰德秀藏毯加工点，2005 年产值达 10 万元，为农牧民增收 3.5 万元。民族手工业已成为杰德秀农牧民实现增收的"助推器"。

图 8 - 1　两母女正在为纺织做准备
（2007 年 3 月 27 日　郑洲摄）

二　民族手工业发展的基本特征

杰德秀居委会素有"围裙、氆氇之乡"之美誉，生产的围裙、氆氇、卡垫、地毯、藏被等历史悠久。自古商业发达，不仅和区内外有商贸往来，而且与尼泊尔、布丹、锡金等国有商贸往来，民族手工艺已成为当地农牧民增收的一个支柱产业。

纺织需要原材料，因此以纺织为主要收入来源的家庭一般都会养羊，以获取纺织所需的原材料。

杰德秀居委会民族手工业在发展中具有以下鲜明的特征。

（1）浓厚的民族性。杰德秀居委会从事围裙、氆氇生产的都是当地的藏族农牧民，尽管杰德秀居委会也有一些外来人口，但是由于这些外来人口不懂围裙、氆氇的纺织技术，都不从事围裙、氆氇的生产，这使得杰德秀居委会围裙、氆氇的生产表现出浓厚的民族性。

（2）民族的特需性。这种特需性表现在藏民族对藏族传统文化的价值特需上，也就是说，这些产品能展现藏民族的生活风尚、独特的审美需求及宗教意识。按西藏的传统习惯，女子成年后要系围裙，而氆氇则是西藏农牧民专用服饰衣料。因此，围裙、氆氇的主要消费对象是藏族居民，其产品的销售市场局限在有相同文化背景的各藏区。

（3）受众的普遍性。从老到幼、从男到女，杰德秀居委会绝大部分家庭都有人会织围裙、氆氇。据统计，杰德秀居委会每年生产围裙、氆氇等的人数占总人口的60%，2003年的收入达130.48万元。绝大部分家庭都能从围裙、氆氇生产中受益。特色民族手工业为杰德秀居委会经济的发展壮大做出了积极的贡献。

（4）一定的救济性。从实际情况看，杰德秀居委会从事围裙、氆氇生产的女工明显多于男工，且50岁以上，甚至60岁以上年老体弱的妇女以及孤寡老人，基本都从事着围裙、氆氇生产，甚至一些贫困家庭的孩子也辍学在家纺织氆氇和围裙，这已使得当地民族手工业带有一定程度的救济性质。农牧民告诉我们，农业收入的情况，只能维持基本的生活，为维持家庭其他的正常生活所需，包括日常必需品、礼节性费用等，其他收入来源是必不可少的。

（5）家庭作坊式生产（见图8-2）。杰德秀居委会围裙、氆氇的生产基本是家庭作坊式的，即各自在家里进行，没有固定的地点。纺织技术也是由家里长辈传授下来的，没有进行统一的培训。课题组在调查中了解到，为壮大民族产业，杰德秀居委会原来成立了围裙厂，但因经营不善，现在已经破产了，因此，现在的局面是各自为政的家庭作

图8-2　课题组成员和一位正在家里纺织的妇女合影
（2007年3月25日　郑洲摄）

坊式生产。

(6)强大的生命力。和现代企业相比，西藏的民族手工艺可谓是乡土工业，但杰德秀居委会所生产的民族特需产品在周边国家和地区适销对路，有许多传统市场，具备一定的竞争力。更为重要的是，其民族手工艺有着广泛的群众基础，具有悠久的历史传统，其产品原料以当地的农畜产品为主，生产技术要求不高，对能源要求低，经营灵活，适合现有的生产力水平，表现出强大的生命力。

三 民族手工业发展中面临的问题与挑战

我们调研了解到，该居委会以前开办过一个围裙厂，兴办围裙厂的主要动因在于探索民族手工业规模化发展道路，提高杰德秀围裙的市场占有率，做大做强本地民族手工业，从而增加收入；同时也是面对日益增加的竞争压力、提高竞争力的努力之一。

但是我们在杰德秀调研期间，该围裙厂已经倒闭，我们到围裙厂原有地址只是见到几间破旧的厂房，已经明显感到好久没有用过。

杰德秀居委会氆氇代理商普古兹力说："三年前杰德秀居委会有个围裙厂，是由自治区商务厅投资的。由于管理不好，有时候工资不能准时拿到，有些人不愿意到厂里干活。现在围裙厂还在，但是已经没有人上班了，也没有人管理。2005年丹麦有人来调查围裙产业，认为杰德秀的围裙产业有发展潜力。"

杰德秀居委会民族手工艺有着悠久的历史和良好的发展前景，但自身仍表现出种种不足和缺陷。这主要表现在以下几方面。

1. 面临竞争的挑战

民族手工业是长期民族文化的沉淀，具有非常独特的工艺、式样及款式。从这个角度讲，产品应该具有较高的差异性。然而杰德秀居委会民族手工艺因其技术含量不高、工艺简单，非常容易模仿，所以在产品差异化方面导致进入的壁垒不高。杰德秀以外的一些地区甚至一些内地商人凭借其资金优势，通过对市场上相关商品的模仿，打着杰德秀产品的旗号，参与氆氇、围裙市场的瓜分，给杰德秀居委会民族手工业带来了竞争与挑战。

2. 产品成本高，导致价格高

杰德秀居委会民族手工业的生产要素，如劳动、原材料、土地价格等比较优势明显，但民族手工艺者用超额的劳动时间及超负荷的劳动强度也无法弥补技术的落后或手工小规模生产所造成的高成本状况。与印度、尼泊尔产品相比，区内生产民族手工艺产品价格明显偏高，在区内、国内产品市场占有率低。课题组了解到，一块质量稍好的围裙要卖到 80 元左右，而围裙的平均价格也基本在 60 元左右，氆氇的价格就更高，这都不利于竞争优势的体现。

3. 工具和技术落后

以氆氇架为例，这种编织氆氇、围裙、藏被的木质器械与 300 年前的结构及织法完全相似。课题组在调查中目睹了杰德秀居委会一户人家正在一个祖传了五代、有 300 多年历史的氆氇架上织氆氇。不仅如此，大部分杰德秀居委会农牧民所使用的氆氇架都具有五六十年的历史，民族手工业者就是用这样超额的劳动时间及超负荷的劳动强度弥补着工具及技术的落后，从而使几百年甚至上千年的物质产品和文化产品得以延续下来。为了解决民族手工业生产技术的落后问题，近年来，自治区有关部门为民族手工业的机械化和现代化做了大量的工作，如氆氇机的更换上，自治区与上海某个厂家合作发明了一种新的以电力为动力的机器，但这台机器却与生产出的产品一同被闲置于陈列室内（见图8-3），究其原因，主要是没有掌握该机器的使用技术，使得生产出来的氆氇质量差，产品卖不出去，最后只能再使用传统生产工具。

图 8-3　农牧民家中破旧的氆氇机
（2007 年 3 月 26 日　郑洲摄）

4. 行业间信息闭塞，缺乏统一管理

由于杰德秀居委会围裙、氆氇生产基本是家庭作坊式生产，各家的生产和销售都是分散的，缺乏统一管理。行业缺乏统一管理，导致市场信息闭塞，相互哄抬价格的现象较为突出。

5. 缺乏销售意识，销售渠道建设几近于零

杰德秀的围裙和氆氇在对外宣传上，基本上是靠政府的力量组织。课题组在调查中了解到，杰德秀镇政府正在申报杰德秀围裙的专利保护。由于没有统一的组织管理，再加上各自为政的简单生产状态，导致杰德秀居委会相应的促销行为和促销手段严重缺乏，对外销售渠道建设几近于零。目前的销售方式主要是通过中间商上门收购。大多数农牧民普遍存在等待客户上门的思想，缺乏最起码的营销理念。

6. 民族手工业各自为政，规模化程度不高

民族手工业是杰德秀的特色产业和优势产业，目前杰德秀居委会从事氆氇、围裙生产的农牧民占到70%以上，民族手工业收入成为当地农牧民收入的重要组成部分。但是，我们还应该看到，目前杰德秀居委会氆氇、围裙的生产基本处于各自为政的状态，各户生产的氆氇、围裙质量也有高低之分。虽然发展了围裙厂和地毯厂，但都属于小型企业，企业的厂房也不大，与家庭作坊差别不大（围裙厂已经破产）。无论是从资产规模还是从职工人数上看，都远没有达到规模化和规范化生产的程度，并没有起到龙头带动作用，也没有从根本上改变各自为政的生产状态。另外，随着被模仿的产品日益增多，杰德秀居委会围裙、氆氇生产所面临的竞争压力较大。

四　思考及建议

针对现存问题，为推动民族手工业发展，可从以下几方面着手。

1. 建立地方品牌标准和保护制度，树立统一品牌形象

面临外来模仿产品的竞争，杰德秀居委会应加快建立地方品牌标准和保护制度。通过专门机构建立品牌标志注明杰德秀当地产品，抵制无序竞争。

2. 组建行业协会，统一管理

杰德秀居委会目前围裙、氆氇各自为政的生产状态不利于一致对外竞争。为推动杰德秀居委会民族手工业的更好发展，统一销售、统一管理、统一信息提供，组建围裙、氆氇行业协会显得非常必要。在围裙、氆氇行业协会的组建过程中，应采取诱致性制度变迁和强制性制度变迁相结合的方式，也就是说，当地政府除了鼓励行业协会的自发成立外，更重要的任务还在于应发挥自身的资源、信息和组织优势，建立起"政府主导型"的行业协会，参与到民族手工业的成长与发展过程中去。

3. 以市场为导向，扩展市场空间

杰德秀居委会生产的围裙和氆氇在销售市场上存在民族性和地域性，产品主要销售市场局限在本区，这无疑与区内市场空间、容量的有限性产生矛盾，致使民族手工业企业的发展受到极大的限制。因此，杰德秀应该把握市场的变化，着力提高产品的质量，丰富产品品种和增加产量。针对内地及国外游客，着力开发、生产民族特色旅游产品，突出特色，丰富旅游纪念品的文化内涵。聘请有专业才能的设计师，使民族风格、地域特色和艺术性在旅游纪念品中得到完美的展现。了解市场，丰富民族手工业产品的层次。在设计上要根据客源构成的分析和预测，区别不同国家、不同层次游客的购物心理，既要有普通的、大众的产品，又要有更多中档层次的产品，还要有部分迎合个别高消费人群的产品；既要有过去销路一直旺盛的老产品，又要有新工艺、新设计的时尚产品。

4. 加强营销，提高市场占有率

一方面，依托旅游业平台，完善营销网络，建立旅游宣传促销网络。加强与区内旅游企业之间的合作，通过授权代理、渠道共享以及资源共享等形式形成与旅游企业之间的合作，来完善营销渠道和拓展市场，利用旅游企业的相关渠道，将其产品授权代理销售并进行利润分成，充分利用旅游导游人员的宣传，促销民族手工业产品。同时踊跃参加各种旅游商品展销活动，并适时在当地举办旅游商品交易会，把民族手工业产品推销出去。

另一方面，建立景点旅游纪念品专卖店。即在一些旅游景区内，由民族手工业企业自建商店或者代理商开专营商店来销售民族手工业的旅游纪念品，这不仅仅能体现景区、景点的规范性，更在一定程度上杜绝了仿制品、复制品在旅游区内的销售，最大限度地吸引和满足游客。

5. 整合资源，规模化发展

目前杰德秀居委会民族手工业生产都属于小生产、家庭手工业、家庭作坊式的，生产销售还停留在原始的市场方式上，已有的围裙厂和地毯厂生产规模小，不能发挥企业的龙头带动作用，其特色产业优势和资源优势没有充分体现出来。为壮大和发展杰德秀居委会民族手工业，推进特色资源优势向经济优势转变，促使农牧民增收，必须注重培育民族手工业龙头企业，发挥龙头企业的示范带动作用。

第一，努力培育和壮大已有的围裙厂、地毯厂生产规模（围裙厂需要在原有的基础上重建）。积极争取政府对杰德秀居委会民族手工业发展的扶持政策，争取在税收、原材料供应、产品销售等各方面给予优惠待遇，为民族手工业的发展创造一个良好的社会经济大环境。

第二，强化管理，提高效益，坚持从基础管理入手，大胆地引进、吸收先进的企业管理手段和经验，建立健全企业各项规章制度，突出抓好市场管理、质量管理、成本管理、资金管理，建立有效监督机制和自我约束机制。发挥围裙厂、地毯厂等民族手工业龙头企业的示范带动作用，使杰德秀居委会特色手工业成为农牧民增收的突破口。

6. 加强设备改造，强化技术培训

现实中，杰德秀居委会民族手工业者所用的纺织工具十分落后，他们用超额的劳动时间及超负荷的劳动强度弥补着工具及技术的落后，为了不断提高生产效益和产品质量，向社会提供更多的民族产品，必须加强设备改造，采用机械化和半机械化生产，以提高生产效益和经济效益。

另外，引进先进设备还必须做好技术培训工作，使农牧民能真正掌握先进设备的使用技术，因此，建议组建技术培训班，推选技术能手进行讲解示范和现场培训，以提高从业者的专业技术能力。

第二节　杰德秀地毯厂调查报告

为探索民族手工业规模化发展道路，杰德秀先后成立了杰德秀围裙厂和杰德秀地毯厂。为了解当地民族手工业规模化发展的道路，为类似的地方民族手工业的发展提供经验借鉴，我们对杰德秀地毯厂进行了调研。

一　概况

藏毯具有千年的历史，并以其用料之纯、做工之精、花样之多、色彩之美在世界上享有盛名，与波斯地毯、东方艺术毯并称世界三大名毯。西藏地处高寒地区，盛产羊毛，是中国地毯的传统产区，自古就有粗厚的平纹编织羊毛地毯。11 世纪，白朗县已流行"8"字形绾结的羊毛栽绒地毯，但栽绒稀疏，而绒长达 5 厘米。19 世纪末至 20 世纪初，西藏地毯生产中心发展到江孜、拉萨等地，生产比较细密的羊毛栽绒地毯。

西藏地毯所使用的羊毛以藏寒羊为主，纤维长，弹性好，品质优良。传统的西藏地毯其经纬线都用毛线，纬线为两道，毯边不以毛线缠边。20 世纪 50 年代以后，经纬线才改用棉线，并以毛线缠边。西藏地毯采用西藏连环结的栽绒绾结工艺。染色多采用天然植物染料，如大黄、黄檗、茜草根等。

西藏地毯的品种有一般牧民家庭使用的地毯和寺庙专用的拜垫、炕毯、坐垫、靠背垫等。牧民们使用的地毯，图案多为粗枝大花，色彩多为浓红艳绿，对比强烈。寺庙专用的拜垫、炕毯等，色彩较柔和；坐垫、靠背垫为活佛和大喇嘛使用，以正黄色织成龙、佛教八宝、宝相花等图案。西藏地毯的图案大致有锦缎式、满地花式、城郭式（类似图案工整的北京式）、嘎习巴式（以写实花卉为题材，类似彩花式，因以 20 世纪 40 年代后江孜贵族嘎习巴家族使用而得名）、传统吉祥图案 5 类。其中传统吉祥图案受到西北民间地毯的影响，有佛教八宝、道教八宝、各种锦地纹、龙、凤、花卉等，也有独特的西藏国王七宝图案，即方胜、连环线、犀角、令牌、象牙、珊瑚、珠宝等。

西藏地毯是目前世界上保持传统技艺特色最突出的地毯，因而在欧洲市场很受欢迎。西藏地毯，在图案、色彩上作了改进，图案趋向简练，色彩趋向柔和，以适应欧洲市场的需要。

杰德秀地毯厂位于杰德秀镇政府旁，离康鲁商业街2公里左右，据工作人员介绍，该厂是自治区商务厅和青海市集团投资合办的一个民心工程，于2005年投资兴建完成，目的是拓宽当地群众的就业渠道与增收现金收入以及给劳务输出带来方便。总体投资规模较小，成立初始有职工48名，其中有17名来自辖区内的贫困户家庭，调研期间，剩下职工24人（见表8-1）。

表8-1　贡嘎县杰德秀镇地毯厂员工花名册

姓　　名	性别	年龄（岁）	家庭住址	备注
边　珍	女	19	修吾村	在职
德　吉	女	18	修吾村	在职
次　旦	女	18	修吾村	在职
次旦卓嘎	女	18	修吾村	在职
曲　宗	女	19	修吾村	在职
洛　桑	男	18	修吾村	在职
措　姆	女	17	修吾村	在职
达　珍	女	18	杰德秀居委会	不在
尼　玛	女	19	杰德秀居委会	不在
扎　西	男	18	杰德秀居委会	在职
仁　增	男	19	杰德秀居委会	在职
江　白	男	18	杰德秀居委会	不在
拉　巴	男	17	朗杰学乡三组	不在
卓玛央吉	女	17	朗杰学乡五组	在职
央　增	女	16	朗杰学乡三组	不在
次仁曲宗	女	18	朗杰学乡五组	不在
白玛德吉	女	19	朗杰学乡六组	不在
拉巴仓决	女	18	朗杰学乡六组	在职

续表 8 - 1

姓　　名	性别	年龄（岁）	家庭住址	备注
益西卓嘎	女	18	朗杰学乡五组	在职
曲　吉	女	19	朗杰学乡四组	在职
次仁拉姆	女	17	朗杰学乡三组	在职
扎西曲宗	女	18	朗杰学乡四组	不在
玉　珍	女	19	朗杰学乡四组	在职
嘎　珍	女	17	朗杰学乡四组	不在
赤　列	男	18	朗杰学乡五组	在职
白玛益西	男	17	朗杰学乡三组	在职
尼玛次仁	男	18	红星三组	不在
巴　桑	女	15	红星一组	不在
扎　西	男	18	红星三组	不在
边　珍	女	18	红星一组	不在
大达瓦	男	17	红星一组	不在
其　米	女	16	红星二组	不在
次　旦	男	18	红星三组	不在
小达瓦	男	19	红星一组	不在
旦增曲珍	女	19	岗堆镇二组	不在
巴桑拉姆	女	18	岗堆镇五组	不在
普布央吉	女	17	岗堆镇三组	不在
扎　西	男	18	岗堆镇一组	在职
索朗拉姆	女	17	岗堆镇二组	不在
白　玛	男	16	岗堆镇二组	不在
罗　宗	女	18	岗堆镇一组	在职
加　律	女	17	昌果乡	在职
洛桑旺姆	女	16	昌果乡	在职
贡　吉	男	18	昌果乡	在职
玉　珍	女	19	昌果乡	在职
尼　玛	女	18	果吉村	在职

资料来源：课题组调查。

表 8－2 是我们调研过程中统计的杰德秀镇地毯厂公用物品清单。从表 8－2 中可以看出，地毯厂基础设施较为落后，大多数设备都较为陈旧，无论是从工厂环境，还是从规模、设备上看，都和西藏其他地毯厂有较大的差距。

表 8－2　杰德秀镇地毯厂公用物品清单

物品名称	数量	物品名称	数量
藏毯（件）	60	木柜（个）	1
铁床（张）	25	大桌子（张）	4
铁架（件）	46	小桌子（张）	3
煤气罐（个）	2	机床（台）	12
铁柜子（个）	5	太阳灶（个）	4
高压锅（个）	1	菜板（个）	1
炒菜锅（个）	1	计算器（个）	1
称（个）	2	木板（张）	22

资料来源：杰德秀地毯厂。

二　地毯厂管理情况

（一）加强思想教育，力求稳定员工

据了解，为稳定员工，提高员工的积极性，地毯厂对员工进行深刻的思想教育工作，让他们更好地认识到这一工程的经济效益，并且塑造一个健康的环境，提高生产生活条件，让他们兴起长期在这里务工的思想，使他们能够成为地毯厂的永久性员工。

（二）成立杰德秀镇藏毯产业发展协调领导小组

为推进杰德秀镇藏毯产业的发展，杰德秀镇成立了藏

毯产业发展协调领导小组，其中由镇长米玛任组长，副镇长达瓦次仁任副组长，委员包括各居（村）委会主任。

（三）分工明确

为推动有效管理，地毯厂实行了明确的分工责任制，对技术人员、卫生人员、仓库管理人员等都明确了分工职责。其具体分工如下。

（1）技术人员要严格执行技师的职责，必须按期、按质、按量地完成公司所下达的工作任务。

（2）卫生人员负责全厂卫生工作，保持每日全厂卫生干净，如发现脏、乱、差现象，罚10元。

（3）仓库管理人员要及时发放毛线毛纱，认真填写出入库登记册。

（4）技术人员要严格监督员工的工作进度，做好上班期间的安全保障工作，并进行技术指导。

（5）技术指导人员要督促员工的积极性，保障生产质量。同时要根据货期的长短，合理地安排编织工，必要时安排编织工的加班工作。

（四）落实奖惩制度

据地毯厂的员工介绍，该厂请销假制度较为严格。一般干部职工事假1天以内，由主管机关办公室主要负责人批准，政府副职向政府正职请假。无故缺考勤者按旷工处理，旷工1天扣罚款1天5%的工资。迟到早退者扣发1天2%的工资。

病假不扣发工资，但需出具县级以上人民医院的证明，违者按旷工处理。上班时间不得喝酒。每发现一次，罚款

50 元。上班时间不得大声喧哗、吵闹、打架斗殴，每发现
一次罚款 50 元。

另外，对保管员及技术人员规定如下：保管员及技术
人员必须提前 10 分钟上班，听从技术指导员所安排的工作；
如有迟到或早退者罚 10 元；负责管理仓库，及时发放毛线
毛纱；领取毛线毛纱，认真填写出入库登记册；负责打考
勤，实行严格的考勤制度；每日点名 1～2 次。保管员及技
术人员必须严于律己，维护工作制度，认真完成自己的各
项工作任务，坚决执行产品质量的管理制度。

（五）健全技术员岗位责任制

技术员的工作直接影响地毯的质量，为严把质量关，
杰德秀地毯厂建立健全了技术人员岗位责任制。一位技术
工人向我们讲述了技术员岗位责任制的基本内容：（1）提
前 10 分钟到岗，合理安排一天的工作；（2）严格执行技师
的职责，必须按期、按质、按量地完成公司所下达的工作
任务；（3）掌握任务书中对于货物的要求，即：厚度、规
格、毛纱支数、毛纱股数、质量要求、经纬线支数、抽头、
交货日期、品名、图案号，备注；（4）织货前必须做到三
对照（货单、小样、色卡对照），其中包括：规格是否正
确，大样是否有漏面和墙画纹样，或未写色号和写错色，
小样是否有漏面和错画现象，每节图纸是否能接上，准确
无误后方可上机织做；（5）在工作中要勤量抽头、道数，
检查纹样、色号，发现错误及时纠正，做到嘴勤、手勤，
脚勤；（6）根据货期的长短，合理地安排编织工，必要时
安排好编织工加班；（7）认真学习工艺质量标准，并严格
执行。

三　面临的困境

地毯厂的建立不仅有效地提升了产品的质量，而且极大地解决了农村剩余劳动力和社会青年的就业问题。但在运行过程中也暴露出一些问题，这主要表现在以下几方面。

1. 管理不善

尽管地毯厂制定了相关的规章制度，但从管理看，仍存在较大的问题，管理的理念仍停留在政府扶持阶段，缺乏开拓市场的战略和眼光。企业的活力不足，没有真正成为自主经营、自负盈亏、自我发展、自我约束的市场主体。

2. 员工流失严重

杰德秀镇藏毯加工厂组建已有一年多，组建初期有 48 名员工，他们主要来自杰德秀镇各居（村）委会。在课题组调研期间，员工只剩下 24 名，流失了一半，这不利于工厂的稳定发展。

3. 工资待遇低

地毯厂工资待遇低，据了解，一名技术较熟练的工人加班加点工作，日工资也只能达到 18～19 元，连加班工资在内一个月的工资还不到 600 元。除了工资低外，更大的问题在于工资还不能及时兑现，因此，一些员工宁愿外出打工或干脆回家。工资待遇低且不能及时发放，是导致员工流失严重的主要原因。

4. 资金的问题

设备无法更新，员工工资低，市场拓展不足，这都与资金有着较大的关系。员工告诉我们，现在地毯厂流动资金很少，加之基层政府财力困难，靠政府扶持的资金有限；另一方面，由于企业规模小，既有资产不多，向银行融资渠道不畅。目前，资金紧张而限制发展已经成为杰德秀地毯厂在发展中遇到的制约瓶颈。

5. 竞争问题

员工告诉我们：西藏地毯厂较多，规模较大的有拉萨市地毯厂、拉萨市布达拉地毯有限公司、拉萨市城关区地毯厂、日喀则地区江孜县地毯厂、西藏雪莲地毯有限总公司、西藏珠峰地毯有限公司、喀瓦坚地毯和羊毛工艺有限公司等。现在，不仅拉萨、江孜、昌都、日喀则、泽当、那曲建有地毯厂，许多县和社队也办起了地毯厂或加工组。地毯厂数量的增加，使得竞争尤其是地毯销售竞争非常激烈。从其他地毯厂看，为了拓宽市场流通渠道，扩大地毯的销售，一般在拉萨、日喀则等都设有销售点，但杰德秀地毯厂无论是在生产规模还是在工艺技术上，都与其他地毯厂有一定的差距，从而使其在竞争中处于不利地位。

6. 技术创新不足

由于规模有限、资金不足，杰德秀地毯厂基本没有进行人员培训、工艺研发等能力建设。地毯图案、毛线、棉线、染料、品种规格、质量等方面仍沿用原来的工艺，缺乏技术创新，产品适应市场的能力不强，与江孜、拉萨的产品相比，其知名度还有待提高。

第三节　农牧民收支

改革开放以来，杰德秀居委会流动商户每年都在增加，著名的康鲁商业街也坐落在此。由于商品贸易历史悠久，使得这里的商品种类繁多，价格适宜，民族手工业收入已成为当地农牧民家庭总收入的重要组成部分。

然而，对于杰德秀居委会而言，由于受青藏高原独特的高寒、干旱自然条件的限制，加之经济发展的滞后，长期形成的独特的劳作习俗以及生活方式的差异，使得其农牧民的收支结构和内地农村相比有着较大的差异。较之内地农村，杰德秀居委会在农村剩余劳动力转移、农业产业结构调整及农户进入市场难等方面的问题表现得更为突出。与此同时，和西藏自治区的其他村（居）委会相比，杰德秀居委会还具有一大鲜明的特征，即它是传统民族手工业村，全村70%以上的家庭都从事围裙和氆氇的纺织。自然，纺织收入就成了大多数家庭的一大收入来源。那么，对于一个西藏的农村基层组织、一个民族手工业村而言，其农牧民的收入和支出状况有何特殊之处，农牧民的收入结构和支出结构是否合理，当地农牧民的增收空间有多大呢？研究上述问题，不仅有助于了解杰德秀农牧民的基本生产生活情况，而且有助于探索适合本地区农牧民增收的途径，并为类似地区提供借鉴。

一 研究方法及调查内容

（一）取样及分析方法

调查过程中，我们将杰德秀居委会全部农户按经济收入状况分成上等户、中等户、下等户三组，然后采取随机抽样的方式从三组群中分别抽取上等户 20 户、中等户 40 户、下等户 20 户，即上等户、中等户和下等户的比例为 1：2：1，入户就 2006 年杰德秀居委会农牧民的收支情况进行详细调查。中等户抽样比例较大，主要是考虑到中等户在经济收入状况分组中所占比例较大的缘故。根据入户调查资料，整理出农牧户收入、支出的详细情况，并采用描述性统计分析方法，使用统计软件 SPSS11.0 对数据进行归类整理，形成观测量在不同水平上的分布情况，以便对数据的数量特征和观测量分布状况有一个概括的认识。

（二）调查内容

1. 调查户家庭基本情况

包括被调查者的性别、年龄、文化程度，住房面积，家庭总人口，家庭成员的职业及受教育情况等。

2. 调查户所拥有的生产和生活资料状况

包括牲畜、生产工具、耕地，交通工具情况，家电情况等。

3. 调查户的收入状况

主要调查收入来源及数量，包括现金收入和实物收入。为核算方便，我们将实物收入按当时市场价格统一折算成现金收入。值得说明的是，贫困户的收入来源中有一部分是国家救助或其他捐助，为准确分析农牧民收入来源的区别及存在差距的原因，我们的收入状况统计中，不包括外部的救助和捐赠收入。

4. 调查户的支出状况

支出状况包括生产性支出和生活性支出。农牧户实物收入中自食自用支出按当时市场价格折算，购买的生活资料部分按购买价格和交换价格核算。

值得说明的是，调查户家庭基本情况以及调查户所拥有的生产和生活资料状况以入户调查时的情况为准；调查户的收支情况统计以 2006 年度为限，即从 2006 年 1 月初到 12 月末期间的收支情况。

二 收支结构

（一）收入结构

1. 农牧户收入来源

从杰德秀居委会农牧民家庭收入来源看，大致可分为两类：一类是农牧业收入，另一类是非农牧业收入。农牧业收入主要来自以下方面：（1）种植业收入，主要有青稞、小麦、土豆、少量的油菜等；（2）养殖业收入，主要有藏鸡（肉、蛋）、藏猪等；（3）畜牧产品及其粗加工收入，主要包括鲜奶、羊毛、牛肉、羊肉、酥油、奶渣、牛羊皮、出售活牲畜等。鲜奶在畜牧业生产中一般被加工成酥油和奶渣，直接食用或出售的数量都很少。非农牧业收入主要包括：（1）围裙和氆氇收入；（2）个体运输收入；（3）外出打工收入；（4）租金收入；（5）工薪收入（含退休金）等。

2. 收入构成比例

就杰德秀居委会农牧民家庭收入的构成比例看（见表8-3），内容如下。

（1）围裙、氆氇收入在农牧民收入构成中占有较大比例，其在收入来源中的构成频数位居第二，年收入范围在1000~8万元不等，波动幅度较大。围裙、氆氇收入占总收入的比重为0~100%，这说明杰德秀居委会既有完全从事围裙、氆氇生产或从事围裙、氆氇生意的家庭，也有不从事围裙、氆氇生产，没有围裙、氆氇收入来源的家庭。课题组在调查中了解到，围裙、氆氇收入占总收入的比重为100%的家庭有两类：一类是从事围裙、氆氇生意的商人，即他们自己不从事围裙、氆氇生产，而是将农户的围裙、氆氇收购起来，再统一对外销售，从中赚取差价，这类人一般不从事农业生产，土地包给别人做，只有围裙、氆氇生意收入，但是收入较高，属于上等户；另一类则是家里没有劳动力的贫困家庭，由于缺乏劳动力，加之年龄较大，这类家庭一般只是从事些围裙、氆氇的生产，不耕作土地，也不外出打工，收入只有围裙、氆氇生产收入，和前一类形成鲜明对比的是，这类家庭收入不高，属于贫困户或下等户。而完全不从事围裙、氆氇生产的家庭则一般是不懂围裙、氆氇纺织技术，或家庭劳动力全部外出打工的家庭。

（2）就种植业收入看，这部分收入在收入来源中的构成频数位居第一，即从事种植业以及有种植业收入的家庭最多。年收入在 1000 ~ 1 万元不等，这主要与各农户的耕地占有量相关。占总收入的比重范围和围裙、氆氇占总收入的比重一致，为 0 ~ 100%。比重为 0，即说明不从事种植及没有种植收入来源；比重为 100%，即说明家里的全部收入都来自种植业。

大部分粮食都是农牧民自己消费。不缺钱的家庭，则把剩余的粮食储备起来；经济条件不好的家庭，则在留够口粮后把多余的粮食出售掉，以换回其他所需物品。村里人极少有不种地的农户，80% 以上的农户以农业为主要职业，农牧民靠农业挣得一半以上的收入，因此，从任何角度看，从事农业是居于首位的。值得注意的是，由于农业生产还存在一定程度的靠天吃饭，这部分农户的增收难度较大，必须对农业内部产业结构进行调整，以创造增收空间。

（3）外出打工收入在收入来源中的构成频数位居第三，

年收入波动幅度较大，在 500 ~ 2 万元之间不等，这主要与文化程度、适应能力以及从事的行业等有关。就这部分收入占总收入的比重看，其在 10% ~ 70% 之间波动。

（4）养殖业收入在收入来源中的构成频数位居第四，这部分的年收入波动幅度最小，在 200 ~ 1000 元之间，由于收入波动幅度小，其占总收入的比重也较为稳定，为 5% ~ 15%，即这部分收入对杰德秀居委会农牧民总收入的影响较小。在养殖业方面，该村值得一提的是养鸭，除此之外，村里养殖得最普遍的就是牛和羊。养牛的主要目的是挤奶，这主要是和他们的生活相关。养羊的主要目的是用来剪羊毛，主要是为了纺织的需要。对于养鸭项目，杰德秀积极探索了"公司 + 农户"的农业产业化模式，组建了贡嘎秀隆生态有限公司。养殖业在当地农牧民经济生活中起着重要的作用。

（5）从畜牧产品及其粗加工收入看，这部分收入在收入来源中的构成频数位居第五，年收入在 200 ~ 1500 元之间不等，占总收入的比重为 6% ~ 20%。在数据统计中，商品率是农牧业产品的出售价值及交换价值之和与产品总价值的比例。从杰德秀居委会的实际情况看，其农牧业产品的商品率较低，农牧民的畜牧产品大部分都是自己食用，出售的较少，因此，这部分收入也并不构成杰德秀居委会农牧民的主要收入来源。

（6）租金收入在收入来源中的构成频数位居第六，年收入在 1200 ~ 1.44 万元之间不等，占总收入的比重为 5% ~ 18%。租金收入与杰德秀居委会优越的地理位置直接相关，康鲁商业街上的一些农牧民将自家的房屋出租给本地或外地人经商，由此房租收入便构成了部分农牧民的收入来源。

（7）由于杰德秀居委会交通方便，一些农户选择了个体运输，这部分收入在收入来源中的构成频数位居第七，年收入为 6000~2 万元，波动幅度较大，占总收入的比重为 50%~78%。收入波动的幅度和差距主要和自身的经营有关。

（8）在收入来源中的构成频数中位居最后一位的是工薪收入（含退休金）。这部分收入主要是两类人群：一是退休的村（镇）干部，二是在岗的村干部。而就其收入范围看，波动幅度比较大，年收入在 5000~30000 元之间，占总收入的比重为 20%~60%。

表 8 – 3　2006 年杰德秀居委会农牧民收入构成情况

	收入来源中的构成频数排序	收入范围（元）	占总收入的比重范围（%）
种植业收入	1	1000~10000	0~100
围裙和氆氇收入	2	1000~80000	0~100
外出打工收入	3	500~20000	10~70
养殖业收入	4	200~1000	5~15
畜牧产品及其粗加工收入	5	200~1500	6~20
租金收入	6	1200~14400	5~18
个体运输收入	7	6000~20000	50~78
工薪收入（含退休金）	8	5000~30000	20~60

3. 收入的产业来源

（1）调查结果显示，总收入只来源于第一产业的农牧户约占总户数的 5%，第一产业收入占总收入比重在 50% 以上的农牧户占总户数的 53.5%。

（2）第三产业收入占总收入比重在 50% 以上的农牧户占总户数的 36.3%。

（3）极少数农牧户有第二产业收入，第二产业收入集中在小规模的粮、油、面粉加工上。

总体而言,杰德秀居委会第一产业收入和第三产业收入并重,二者合计占总收入的98%,第二产业收入占总收入的比重较低。

4. 现金收入和实物收入构成

总体而言,在杰德秀居委会农牧民收入中,现金收入的比重略大于实物收入的比重,现金收入主要来源于以下部分:围裙、氆氇、租金、运输、打工、出售牲畜等,少数农牧民还有工薪(含退休金)收入。值得注意的是,少数农户无现金收入,其生活和生产支出中需要的现金主要靠实物或劳务交换,也有部分农户依赖于贷款或借款。富裕户劳动力较多且文化程度较高,现金收入主要来源于个体运输、商贸业和工薪。中等及贫困户劳动力少且素质不高,现金收入来源于传统的农牧业以及围裙、氆氇收入,而运输、服务、商贸业方面的收入几乎为零。

(二) 支出结构

1. 农牧户支出项目

支出项目大致可分为两类:一类是生活性支出,主要花费在食品、衣着、文教、医疗保健、交通、教育费用、电费、其他(包括人情意外支出、洗涤用品、通信、房子装修、家庭设备、煤气等)等方面;另一类是生产性支出,主要花费在肥料、种子、能源、雇工、饲料及机械投入等方面。

2. 支出现状

从调查情况看,杰德秀居委会农牧民生活性支出占总支出的比重在72%～90%之间。生产性支出占总支出的比

重在 6%～20% 之间。恩格尔系数在 40%～85% 之间。对于
贫富程度，联合国粮农组织（FAO）规定的标准是：恩格
尔系数大于 59% 为贫困，50%～59% 为温饱，40%～50%
为小康，小于 40% 为富裕。据此标准，杰德秀居委会达到
小康户的比重为 8% 左右（见表 8－4）。

表 8－4　2006 年杰德秀居委会农牧民支出结构情况

单位:%

	生产性支出	生活性支出	其中：食品支出
比重范围	6～20	72～90	40～85

从支出情况看，食品是家庭开支的主要项目，占每年
货币支出总额的 60%～70%。而且它与住房、衣着的需求
不同，住房费用无须每天支付，衣服也不像饭食那样迫切。
为了维持正常生活所必需的一定数量的食物，或多或少是
恒定的，因此它在家庭生活中成为一个相对恒定的项目。

值得注意的是，在食品支出中，农牧民对蔬菜、水果
的需求不高，消费最多的是肉、糌粑、青稞酒等，这说明
农牧民的需求水平较低。农牧民对蔬菜的需求较小，主要
是因为当地的气候条件不适宜蔬菜的生长。到市场上去购
买蔬菜来消费，对于一般的家庭而言，是不太现实的，因
为蔬菜价格较贵，基本上萝卜、芹菜等的价格都在 2 元/斤
左右。

村民自己种植油菜，食油可以用自家生产的油菜换得。
食糖、盐以及其他烹调必需品主要通过外部购买。

尽管村庄盛产邦典和氆氇，但是人们的着装大部分是
依赖于外部供应的，本村生产的邦典和氆氇主要供应外部
市场和出口，并非为了自己消费。一个普通的家庭，一年

买衣服的钱估计在 1000 元左右。

三　主要特点及面临的问题

（一）主要特点

（1）生活性支出与家庭总收入成正比。调查结果显示，家庭总收入越大，生活性支出的比重越大，但食品支出在生活性支出中所占的比重却相对较小。生活性支出主要表现在文教、医疗保健、交通、教育费用、电费等方面，通过对家庭生活性支出和家庭总收入的相关分析，得出二者的相关系数为 0.897，即二者高度相关。

（2）集中消费趋势加强。这主要表现为农牧民消费的时间比较集中，一般都集中在藏历年等节日期间。

（3）消费的差异性。由于收入水平的差别，不同收入水平的家庭在消费中也呈现出较大的差异性。上等户注重生活性消费，且日益注重发展性和享受性消费；中等户对生产性消费和生活性消费兼顾，同时生活性消费大于生产性消费；下等户则更注重生活性消费中的食品支出项目，通常这部分家庭的恩格尔系数大于 70%。

（4）收入结构能反映该地区的区位优势和资源优势。杰德秀居委会优越的区位优势和资源优势决定了非农产业收入在总收入中占据重要地位。首先，交通方便，为外出打工和从事个体运输等提供了有利的条件，部分农户从个体运输、做生意以及外出打工等非农产业中受益很大；其次，民族手工业发达的天然优势，使围裙、氆氇等民族手工业收入成为杰德秀农牧民的一个重要的非农业收入来源。非农产业收入占总收入比重大，这与其区位优势和资源优势是相符的，同时，该地区的购买力和现金消费在很大程度上是由非农产业收入推动的，非农产业的兴旺发展增加了该地区商品经济的活力，而非农产业收入也是今后农牧民收入的重要增长点。

（二）面临的矛盾和问题

实践中，在增加农牧民收入、提高农牧民生活水平和质量上，杰德秀居委会还面临着一些矛盾和问题，这主要表现在以下几方面。

（1）思想观念有待进一步转变。传统思想仍束缚着该地区小部分农户，这些农户文化程度较低，思想保守，守着家中几亩地，仅能实现温饱。如不及时转变观念，仅靠传统农牧业来实现增收和达到小康，难度较大。

（2）农业生产机械化程度低。尽管杰德秀居委会中有50%的农户拥有拖拉机，但农作物的播种和收割主要靠人力完成，缺乏联合收割机、播种机等大型农机。有30%的农牧户完全依赖人力从事农业生产，仅在农忙季节雇用拖拉机。农业生产机械化程度低的状况，缩小了第一产业的增收空间。

（3）农牧民的科技知识有待提高。杰德秀居委会大田作物品种以青稞和冬小麦为主，经济作物以油菜和土豆为主，蔬菜种植比例很小。传统农业生产方式，使得农业生产很难抵御市场风险和自然风险，更难以适应市场经济发展的要求。而实践中该地区农业科技和良种推广服务体系尚未渗透到各个农户，一些农牧民对施肥、农药等基本的农业生产技术不懂，农作物产量受农业技术的制约和影响较大，这也在一定程度上影响了农牧民的增收。

（4）大部分农牧民的需求水平较低。杰德秀居委会农牧民的饮食结构属温饱型，不仅食品支出占收入的比重较大，而且食品消费的内部结构不尽合理，原粮消费量较大，水果和蔬菜消费量小，基本无豆制品消费，需求水平有待提高。

（5）农牧产品转化成商品的几率较低。从杰德秀居委会的实际情况看，其农牧产品转化成商品的几率较低，农牧民的农牧产品大部分都是自己食用，出售的较少。调查显示，68%的农户家中余粮较多，仅30%的农户销售余粮；近70%的农户饲养藏鸡，仅20%的农户进入市场出售藏鸡。因此，将农牧户家中的剩余农产品转化为现金收入，提高农牧产品的商品率，对于该地区的农村经济发展和农牧民增收至关重要。

四　结论及建议

（一）结论

通过上述分析，可以得出以下结论。

（1）杰德秀居委会优越的区位优势和资源优势决定了非农产业收入在总收入中占据重要地位。

（2）调查结果显示，不同收入水平的家庭在消费中也呈现出较大的差异性。总体而言，杰德秀居委会的支出结构中，偏重生活性消费支出，在生活性消费中，食品支出所占比例较大，而在食品支出中，农牧民对蔬菜、水果的要求不高，甚至达到可有可无的地步，只有肉、糌粑、青稞酒等，这说明农牧民的生活水平较低。

（3）促进本地区农牧民增收，需要探索适合本地区区情的农牧民增收途径。实践中，农业生产机械化问题、科技知识的普及问题、农牧产品的商品率转化问题，在一定程度上影响和制约了杰德秀居委会农牧民的增收，因此，要促进本地区农牧民增收，需要在解决上述问题的基础上探索出适合本地区实际的农牧民增收途径。

（二）相关建议

为促进本地农牧民增收，提高农牧民的生活水平，杰德秀居委会可考虑从以下几方面着手。

（1）充分发挥自身比较优势，做大做强民族手工业。杰德秀居委会素有"围裙、氆氇之乡"之美誉，生产的围裙、氆氇、卡垫、地毯、藏被等历史悠久。从现实情况看，围裙、氆氇收入已成为杰德秀居委会农牧民收入来源的重要组成部分，但是由于各农户在围裙和氆氇的生产中处于各自为政的分散状况，没有统一对外促销，不利于一致对外竞争，因此建议组建杰德秀民族手工业企业，通过规模化发展，降低成本，提高竞争力，为当地农牧民挖掘民族手工业增收的潜力。

（2）重点规划有市场潜力或市场条件较好的优势产业。当地政府应根据该地区自然、社会、经济状况，重点规划有市场潜力或市场条件较好的优势产业，以带动农牧户增收：可以结合"八大古镇"和民族手工业的宣传，发展旅游产业；发展以运输业和劳务输出业为主的第三产业；发展以茄子、辣椒、白菜、萝卜等为主要品种的大棚蔬菜种植基地，以及以藏鸡（猪、羊）、牛为主的家庭养殖业基地等。

（3）对每一农户进行有针对性地扶持。由于杰德秀居委会农牧户收入差距较大，今后应具体分析各农牧户收入动态，建立农牧户收入、支出档案，及时发现各农牧户增收存在的问题，并适时提出解决方案。立足于本地资源与区位条件，积极宣传、动员农牧民加入到特色种养项目中，如黄牛改良、优质油菜、反季节蔬菜基地、养殖业（藏鸡、藏猪）等项目，并围绕近年来西藏自治区规模较大的基础设施建设，组织农牧民开展劳务输出。

（4）提高农牧品的商品转化率。针对本地及附近地区的农副产品市场（特别是蔬菜市场）处于供不应求、价格偏高、并且产品本地供应率较低的状况，政府应积极帮助杰德秀居委会农牧民树立市场观念，提高剩余农牧产品的商品转化率，向周围市场特别是向拉萨市、贡嘎县城、泽当镇等地提供农副产品。

（5）加大农牧民培训，引导农牧民生活消费多元化。对农牧民进行培训，帮助其掌握先进的农业生产技术，加大生产性投资，提高农业产量，同时，引导农牧民消费，提倡和鼓励健康消费，提高食品以外支出的比例，提高生活质量。

个案 8 - 1

远登，男，62 岁，小学文化程度，原杰德秀乡的书记，1987～1993 年担任杰德秀镇镇长。土地承包时，属于半脱产的身份，不属于正式的国家干部，在担任镇长期间又属于聘用干部，1992 年时才转为国家正式干部。

家有 5 个子女，老大是儿子，39 岁，小学文化程度，在家里干农活；老二是儿子，37 岁，在布达拉宫做僧人，有工资，一个月 1400 元；老三是女儿，在山南地区三中当教师；老四是儿子，在乃东县政府工作；老五是儿子，现在山南地区读高中，21 岁。

房屋面积 400 平方米，共花了 10 万元，修的时候是换工，没有参加安居工程。家里有土地 16 亩，黄牛 5 头，其中挤奶的有 3 头。自己做毪毯，一部分用于自己穿，大部分出卖，一年大概织 8～9 卷，留 1～2 卷，其余全部出售，毪毯收入一年 7000 元左右。退休工资 2500 元/月。

年收入 5 万元左右，年支出 2 万～3 万元，主要是生活性支出以及读高中儿子的学费和生活费。家里有拖拉机 1 辆、冰箱 1 台、电视 1 台、手机 1 部、电机 1 台。

个案 8 - 2

拉旺，71 岁，男，家有 3 个孩子，老大在山南地区二高当教师，老二在地区三中教书，老三在家。现在家里居住 6 口人。

家里有耕地 16 亩，5 亩已经退耕还林。10 亩地当中，一般一亩地收成 500 斤粮食，都是种小麦、青稞、土豆。耕种用拖拉机，秋收时用人工做，一半人工，一半机器。家里养了 20 多只羊，没有鸡，2 头猪，5 头牛，其中奶牛 2 头、小牛 2 头。一年从羊身上剪 2 次羊毛，一次 30 斤左右，一斤 8 元，羊肉不卖。家里纺织毪毯，一年能织完 7 卷，收入 6500 元左右。

一年开支 7000 元左右，主要是买牛肉。家里有冰箱 1 台，电视 1 台，电话 1 部，电饭煲 1 个，收音机 1 台。

家里没有困难，希望饮水问题能够解决。现在衣服都没有地方洗，只能到江边洗。饮用水水质不好，影响身体健康。平常做饭用牛粪，紧急时用煤气。参加了合作医疗。相当满意。家里没有发生过大病，听邻居说报销比例还比较高，2005 年，小病花了 100 多元，报销了 60 多元。

第四节 劳务输出

在农村，改变职业比改革现有作业方式更加困难。在杰德秀镇，养殖业仅仅是现有生产系统的一种补充，而不是职业的改变。农村居民只有离开农村才能改变其职业。换句话说，在目前情况下，职业流动意味着外出务工以及人口从农村向城市流动。据粗略估计，2006 年该村务工人员达 700 人，占人口总数的近 1/3。

一 劳务输出政策

1. 积极动员

根据我们调研，针对部分群众文化素质低、思想观念保守的现状，该村积极动员村民在农闲时外出务工。主要是利用村民会议、板报、标语等形式，宣传劳务输出的重要意义、扶持政策，引导村民转变观念，进一步增强外出务工的积极性。

2. 建立劳务输出中介组织

达瓦告诉我们，现在正在积极完善劳务输出中介组织，为外出务工创造条件。我们在入户调研时，一位农妇说："现在也希望家里孩子出去打工，但是山南地区和拉萨没有亲戚，担心找不到工作，所以孩子到现在还没有出去。"可见，积极动员和引导外出务工，中介组织以及相关就业信息的提供是十分必要的。

3. 完善外出农牧民务工的维权组织建设

除了建立中介组织外，该居委会和镇政府积极配合，落实外出务工农牧民的维权服务工作。一方面，制定相应的改进措施，促进外出务工人员维权服务工作的开展；另一方面，加强与用人单位和所在地方工会的协调和沟通，共同做好外出务工人员的维权服务工作。我们从杰德秀镇政府的文件中，看到了一些有关外出务工农牧民工作地点、从事行业的记录，这对加强沟通和管理有积极作用。

二　劳务输出去向与类型

1. 从事的职业

我们调研了解到，各户中外出打工的基本上都限于 30 岁左右的年轻人，从事的职业一般都是施工队、宾馆、饭馆以及家庭保姆等；也有在外专门做生意的，如该村做氆氇代理生意的普布次仁的弟弟，就专门在拉萨负责氆氇的销售。不同的人从事的职业有所不同，这主要和性别、年龄以及自身的文化素质有关。

2. 劳务输出的类型

根据调研的情况，我们将该村劳务输出大致分为三类，具体内容和所占比例如表 8 - 5 所示。

表 8 - 5　劳务输出类型

单位:%

输出类型	所占比例
组织输出	20
自谋输出	50
就地转移	30

资料来源：课题组调查整理。

由表 8 - 5 可知，有组织地输出的务工人员所占比例为 20%，这主要是限于有组织的农民施工队；自谋职业外出务工所占比例最高，达 50%，这其中大部分是由亲戚朋友

介绍工作的；就地转移的比例占 30% ，这主要是安居工程
以及本地大型项目建设，使得一部分农牧民不离家打工。

3. 去向

从前面的分析得知，该村人均耕地面积仅为 2 亩左右，
农业机械化的运用，使村民在农田里耕作的时间大为减少，
农闲时，大部分村民便外出务工。但是以农业为主要生活
来源的特征形式，决定了农牧民外出打工是不能脱离农业
的，这主要表现在绝大部分农牧民外出务工都是临时性的，
当农忙时他们便回家耕种，农忙完了便又出去打工。换句
话说，对杰德秀居委会而言，农牧民外出务工只是对农业
的一种补充。

我们将杰德秀居委会外出务工的去向大致分为自治区
内和自治区外两类，其中自治区内又分为贡嘎县、山南地
区和拉萨地区。杰德秀居委会外出务工人员在不同地方的
分布比例大致估算如表 8 - 6 所示。

表 8 - 6　劳务输出去向

单位：%

输出去向	所占比例
贡嘎县	32
山南地区	23
拉萨	40
自治区外	5

资料来源：课题组调查整理。

可见，务工的地点一般是限于自治区内，到拉萨的居
多，到自治区外的比例很小，这种去向分布有利于农牧民
农忙时回家进行农业劳作，也恰好说明了杰德秀居委会农
牧民外出打工只是对农业一种补充的事实。

三 劳务输出人员组成

据粗略估计，杰德秀居委会劳务输出人员中，男性所占比例为 68%，女性所占比例为 32%。

外出务工人员的年龄结构上，20~40 岁之间的占 80%，20 岁以下和 40 岁以上的占 20%。

就文化层次而言，小学文化程度的占 72%，文盲占 20%，初中及以上学历的占 8%。

我们了解到，大部分外出务工人员都没有专业的职业技能，只有少部分能从事机械修理、驾驶等工作，其余的人一般都是在建筑队或餐馆工作，还有部分从事家政工作。

四 2006 年外出务工收入

表 8 - 7 给出了杰德秀居委会农牧民外出打工收入情况。外出打工收入在收入来源中的构成频数位居第三，年收入波动幅度较大，500~2 万元之间不等，这主要与文化程度、适应能力以及从事的行业等有关。就这部分收入占总收入的比重看，为 10%~70%（见表 8 - 7）。

表 8 - 7　2006 年杰德秀居委会农牧民收入构成情况

	收入来源中的构成频数排序	收入范围（元）	占总收入的比重范围（%）
种植业收入	1	1000~10000	0~100
围裙和氆氇收入	2	1000~80000	0~100
外出打工收入	3	500~20000	10~70

资料来源：课题组调查整理。

而在家庭收入中位居第一位的是种植业收入，居第二

位的是围裙和镕氇收入。这种收入结构也说明了该村是典
型的"农业＋民族手工业"村。

五　劳务输出对当地经济社会发展的影响

1. 增加了农牧民收入

据调研，杰德秀居委会外出打工年收入为 500～2 万元
不等，直接经济效益明显。一位打工刚回来的农牧民告诉
我们："运气好的话一年能挣好几万，打工收入能够帮助改
善家里的衣、食、住、行。"

2. 提高了农牧民素质

外出务工不仅增加杰德秀居委会农牧民的现金流，同
时也使外出务工者开阔了眼界，更新了观念，大大提高了
自身素质。我们在调研中也发现，外出务工回来的人员在
思想、观念、见识方面与常年在家的农牧民有所不同，他
们更容易接受新事物，对知识重要性的认同度也较高。

3. 对治安的影响

农闲时外出务工，农牧民之间的接触少了，矛盾也随
之较少发生。村里一位开茶馆的店主告诉我们：以前年轻
人没事经常赌博、喝酒，有时候还会打架，现在年轻人基
本上外出打工了，这些现象减少了，村里治安也好了很多。

4. 为子女教育提供了经济保障

调研表明，在杰德秀居委会家庭中，子女的经济价值
是很重要的。如果将孩子送去学校上学，不仅不能为家庭
经济作贡献，而且家庭还要拿出一部分零花钱。一些农牧
民告诉我们：尽管在九年义务教育中，能够享受国家的优
惠政策，家庭负担减轻，但是上高中时候的学费对家庭的
经济压力很大。打工收入增加了经济收入，为子女教育提

供了经济保障。调研中我们也发现了这样一个事实，即经济条件较好的家庭，子女在外读书以及上大学的比例要比一般家庭高得多。

六 劳务输出存在的问题

由于交通便利，杰德秀居委会外出务工人员较多，打工收入成为仅次于种植业和民族手工业的第三大家庭收入来源，为杰德秀居委会经济社会发展做出了一定的贡献。但是杰德秀居委会在劳务输出中还有以下几点值得注意。

（1）外出务工人员组织化程度低，自发输出占外出务工类型的比例较大。中介组织发展缓慢，给当地农牧民提供的信息不够，部分农牧民盲目外出，导致就业率、稳定率和收益率差。

（2）劳动者整体素质偏低。外出务工者大多数都是小学文化程度，懂专业技能的人很少，大部分外出务工的农牧民都是从事苦、累、重的体力劳动，对外出务工人员的就业技能的培训工作有待加强。

（3）经费短缺。由于镇财政困难，对外出人员培训、护送、基地考察、跟踪回访等各方面工作做得还不够。

（4）多数打工者的自我保护意识和能力都比较弱。尤其是在建筑、建材等行业，通过包工头几经转包的情况下的自发输出，劳动关系通常只是口头约定，而且打工者对发包方的资质、合法身份、经济实力等信息都不甚明了，导致一些农牧民辛苦一年，回家仍是身无分文。

第九章　农村公共产品供求

第一节　农村公共产品的界定

公共产品，也被称做公共物品或公共品。萨缪尔森定义公共产品为："每一个人对这种物品的消费并不会导致任何其他人消费的减少。"弗里德曼定义其为："它一旦被生产出来，生产者就无法决定谁来得到它。"斯蒂格利茨认为："公共产品是这样一类物品，在增加一个人对它分享时，并不导致成本的增长，而要排除任何个人对它的分享却要花费巨大成本。"从这些定义中可以看出，公共产品是指在消费活动中不具有排他性、能同时被多个人共同消费的产品。农村公共产品则是广泛分布于农村地区的、能同时被多人共同消费和使用的产品。从生产角度看，公共产品的这些特点决定公共产品的生产和供给不可能完全由私人部门或企业提供，也就是说，在经济利益最大化的市场规则下，利用市场机制无法实现公共产品的充分供给，必须借助于政府的力量。因此，公共产品一般由政府或小区提供，不以追求经济效益为目的，以补偿成本为原则，向公众提供。

从现有研究文献看，国外并没有"农村公共产品"这一专用概念①。即使少数研究文献中提及"农村公共产品"，也只是将其作为公共产品分布的地域概念讨论而已，例如蒂布特。

中国学者从中国的国情出发，根据自己研究的角度对于农村公共产品这一概念进行了不同的界定。

第一，从受益范围定义农村公共产品。陶勇②、熊巍③等认为，农村公共产品与城市公共产品在地域上具有本质区别。农村公共产品是区别于城市公共产品而言的，农村公共产品是具有一定"典型特征"、为了满足农村经济发展和农业生产以及农民生活消费共同所需的农村产品，是农村产品中具有公共产品属性的农村公共设施和公共服务的总称。陈俊红等认为，农村公共产品是指为农民生产、生活中集体参与分享的、具有外部性的设施或服务，如农村的交通、水利、电力、广播电视、医疗卫生、环境保护等由政府投资的产品④。王国华，李克强定义农村社区的公共产品为相对于由农民或家庭自己消费的所谓"私人产品"而言的，是由当地农村社区居民参与共享的"产品"。农村公共产品是指只能满足其特定社会的公共消费欲望的产品或劳务。它具有一般公共产品的基本特点，即非排他性、

① 由于国外城乡差距相对中国来说要小，发达国家农业人口比重比中国小得多。因此，在大量的公共产品研究文献中极少见到有关农村公共产品的专门研究文献。
② 陶勇：《农村公共产品供给与农民负担问题探索》，《财贸经济》2001年第10期。
③ 熊巍：《我国农村公共产品供给分析与模式选择》，《中国农村经济》2002年第7期。
④ 陈俊红、吴敬学、周连第：《北京市新农村建设与公共产品投资需求分析》，《农业经济问题》2006年第7期。

非竞争性和不可分割性①。

第二，从物质形态定义农村公共产品。徐小青认为，农村公共产品是物质形态的，农村公共服务是非物质形态的。农村公共产品是农村地区农业、农村或农民生产、生活共同所需的具有一定的非排他性和非竞争性的产品或服务。农村公共服务是农村地区为满足农业、农村发展或农民生产、生活共同所需而提供的具有一定的非排他性和非竞争性社会服务，是不具备物质形态，而具备以信息、技术或劳务等服务形式表现出来的一种农村公共产品②。

第三，从不同供给主体定义农村公共产品。刘义强认为，农村公共产品是由不同层级和性质的主体提供的、为农村社区公共享用的产品和服务。从需求角度来看，农村公共产品主要是指那些对维持和提高农民的农业生产和生活水平具有重要意义，但是单靠农民个体和家庭力量又无力提供，或者即使可以提供因难以有效排他而缺乏激励机制来提供的产品，因此应当由政府提供③。林万龙认为乡村社区公共产品是指，在乡或村范围内提供的，为乡村社区农民（或其中的一部分）所消费的带有公共产品性质（消费或受益难以完全排他）的产品或服务，包括农村小型基础设施、基本医疗卫生服务、技术信息服务和农村基础教

---

① 王国华、李克强：《农村公共产品供给与农民收入问题研究》，《财政研究》2003 年第 1 期。
② 徐小青：《中国农村公共服务》，中国发展出版社，2002。
③ 刘义强：《建构农民需求导向的公共产品供给制度——其于一项全国农村公共产品需求问卷调查的分析》，《华中师范大学学报（人文社会科学版）》2006 年第 2 期总共（45）期。

育等①。

在已有研究的基础上，本书将农村公共产品界定为：农村公共产品与农民或其家庭消费的"私人物品"是相对应的，对农业、农村、农民有重要作用的，在农村地域范围内具有非竞争性和非排他性，由政府或政府的代理组织、农村合作组织所提供的特殊的社会产品或服务。

该定义包含以下几层意思：（1）农村公共产品属于公共产品，具有公共产品的一般属性，即非竞争性和非排他性；（2）农村公共产品的主要目的在于满足"三农"公共需要；（3）农村公共产品仅局限于农村这个特定的区域范围；（4）政府并非是唯一的供给主体，供给主体还包括农村合作组织；（5）农村社区的特殊性及中国农村经济社会发展和改革的特点，使得农村公共产品有其不同于城市公共产品的特殊性。

第二节　西藏农村公共产品供给的
特殊内涵与外延

由于中国幅员辽阔，各地经济发展条件和自然禀赋存在着较大的差异，为此我们可以把农村公共产品分为两类：一类是存在于所有农村区域的公共产品，我们把其称为农村公共产品之一般；另一类是特殊区域独有的农村公共产品，我们把这类农村公共产品称为农村公共产品之特殊。

相对于其他区域而言，西藏农村公共产品更多地体现

---

① 林万龙：《乡村社区公共产品的制度外筹资：历史、现状及改革》，《中国农村经济》2002 年第 7 期。

在特殊性上。西藏不仅是自然条件恶劣、生态环境脆弱、经济亟须发展的地区，而且是少数民族聚居、国内外分裂势力从事分裂活动的重点地区，维护社会稳定和打击分裂活动处于压倒一切的位置。对于集政治敏感、经济落后、生态脆弱、国防特殊于一体的特殊区域，西藏一直是中央政府重点关注和支持发展的地区，并且形成了特殊的治藏政策。

目前西藏农村在推动全面建设小康社会、建设社会主义新农村、促进西藏和谐社会建设方面，总体上是顺利的，但也存在不少矛盾和问题。这些矛盾和问题，除"达赖集团"所制造的分裂国家的活动外，主要是广大人民群众最关心、最直接、最现实的利益问题需要进一步得到解决。西藏特殊的政治环境，决定了西藏公共产品和公共服务供给既是确保中国各民族实现稳定发展的基本公共需求，也是确保中国边疆区域长治久安的基本公共需求。笔者在调查中发现，西藏农牧区粮食生产仍存在一定程度的靠天吃饭，天灾使农牧民随时面临生活困境；由于农牧民自身文化素质低下，贫困状况无力改变；因病致贫、因病返贫的情况大量存在，使得农牧民生活雪上加霜；交通不便、信息不灵，制约农产品销售和农牧民收入的提高，这些无疑都与农村公共产品中的教育、医疗、水利设施、交通通信等工程密切相关。

从实践看，西藏农牧民对于公共产品的需求存在其特殊性，即他们对于农村公共产品的需求偏好主要体现在基本性公共产品上，特别是那些能改进和提高农牧民生产能力和生存条件的公共产品。尽管近年来，政府从财政和金融上对西藏农村进行了大规模的投资，农村公共产品投资数量逐年增加。但实践中，我们仍感到，西藏农村公共产品供给与西藏经济发展的现实需要还存在着许多不相适应的地方。政府对于公共产品的供给与农牧民的实际需求之间还存在不一致性，公共产品供给某种程度上存在盲目性，西藏农牧民作为农村公共产品的"消费者"，某种程度上只能被动地接受供给，而难以根据自己的实际需求进行选择。显然，为使农村公共产品的供给切实满足西藏农牧民对农村公共产品的需求，为农牧民增收创造基础动力，需要全新审视西藏农村公共产品供给的理论与经验，提出相关政策创新思路。

一　西藏农村公共产品供给的特殊内涵

从西藏农村公共产品的内涵看，由于西藏农村公共产品也是公共产品，符合一般农村公共产品的特征，因此具有一般农村公共产品的内涵；但另一方面，限于西藏所处环境、现实可用的技术条件以及面临的制度安排与其他农村地区存在着较大的区别，因而西藏农村公共产品的内涵又有其特殊性。这种特殊性表现为西藏农村公共产品的非排他性和非竞争性具有不同的含义，具体来说，主要受以下几方面的影响。

（一）政治敏感

自和平解放以来，西藏自治区就一直是国外分裂主义的目标，各种分裂言论和活动屡见不鲜。至今仍有包括达赖集团在内的许多人在进行各种分裂活动。维护西藏地区的和平与稳定，促进西藏地区的发展，对于中国具有重要的政治意义。因此，在西藏地区提供公共产品或服务时，不能不考虑政治因素，而且其重要性甚至超越了经济因素。即使有些公共产品的提供成本从经济意义上来看，是不符合效率原则的，甚至成本极高，但是如果具有重要的政治意义，就必须供给。比如，在边境线附近分布的藏区农牧民极少，但是我们也需要对其设置行政区划，修建道路等基础设施，提供必需的公共产品，而不能给各种分裂主义分子以可乘之机。

（二）军事敏感

西藏是中国的国防前线，有着数千公里的国境线，担负着保证国家领土完整、保证国家安全的重任。为了确保祖国的统一、国家的安全，西藏自治区的广大农牧民，成为战斗在第一线的边境卫士。目前，自治区的边境线附近分布着一些国家级贫困县，当地居民生活困苦，贫困往往是各种不安定行为的诱因，因此，提供必要的农村公共产品，早日使这些贫困地区脱贫致富，是维护中国边疆稳定、国家长治久安的必要举措。

（三）生态脆弱

青藏高原号称"世界第三极"，生态环境脆弱，一旦被破坏，就难以恢复。因此，强化生态保护，成为确保西藏农牧业可持续发展的最基本需求。笔者在当地看到一些草场植被稀疏，牧草低矮，牛羊根本无法啃食。而当地土壤十分稀薄，冻土层接近地表，人工培育植被较难成活，显然，这些植被一旦被破坏就难以恢复。因此，公共产品的供给也必须考虑当地生态环境的承载能力，其供给应以有益于生态保护为目标。

（四）经济落后

受特殊的自然、地理环境的制约，西藏自我积累和发展能力不足，西藏最大的产业——农牧业，对财政经济的贡献率不高，西藏财政自给能力一直处于较低水平。1996～2007年间，财政自给能力①指数仅维持在 5%～9%，90% 以上的财政支出需要政府补贴，西藏实现社会经济发展目标所需资源的数量与有效供给之间存在着巨大缺口（见图9－1）。

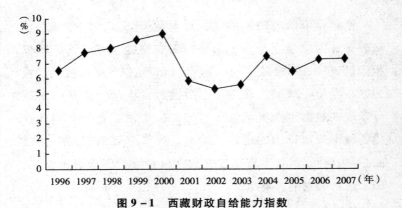

图 9－1　西藏财政自给能力指数

其次，西藏农牧民人均纯收入与全国相比也存在着差距，如图 9－2 所示，1990～2006 年间，西藏农牧民家庭人均纯收入始终低于全国平均水平，且这种差距呈急剧上升趋势。1990 年西藏农牧民家庭人均纯收入比全国数差 36.6元，2005 年和 2006 年则分别上升到 1177 元和 1152 元。

---

① 本文用财政自给能力系数来反映西藏财政对中央财政转移支付的依赖状况：财政自给能力系数＝本级财政一般预算收入/本级财政一般预算支出。

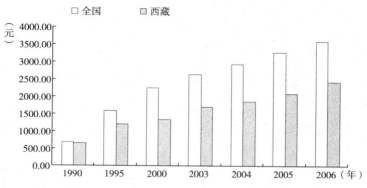

图9-2 西藏与全国农村居民家庭人均纯收入的差距

因此,在特殊的政治、军事、经济和自然条件的限制下,西藏农村公共产品较之内地出现了异化,即非竞争性和非排他性产生了变化。更确切地说,一些在中国其他省区可以视为准公共产品,由政府和市场一起提供的产品,在西藏则由于难以排他和缺乏竞争性变成了纯公共产品,必须由政府财政出资完成;而一些原本属于私人产品领域的由受益者个人提供的产品,在西藏则成了准公共产品,需要政府的扶持才能完成。

如图9-3所示,义务教育、基础设施、邮电等在内地属于准公共产品,但到西藏则具有纯公共产品的性质,而住房、电视等在内地属于私人产品,但到西藏却具有准公

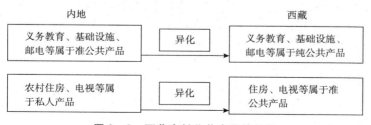

图9-3 西藏农村公共产品的异化

共产品的性质。

二　西藏农村公共产品的特殊外延

外延是指具有概念所反映的本质属性或特有属性的对象[1]，公共产品的本质属性是它给消费者提供的效用具有非排他性和非竞争性，因而任何符合这一本质属性的产品或服务均属于公共产品的外延，均是公共产品，例如国防、法律、教育、基础设施、基本生活保障、公共卫生等。

西藏农村公共产品的外延是具有"西藏农村公共产品"这一概念所反映的本质属性或特有属性的对象，其本质属性体现为两方面："农村公共产品"的内涵以及"西藏"的内涵。农村公共产品的特殊性前已论述，而西藏与其他地区相比其特殊性主要表现在地域、经济、文化等多个方面，从而使得西藏农村公共产品具有特殊的外延性。

在独特的生活、生产方式影响下，西藏农村公共产品外延的特殊性主要体现在西藏农村公共产品需求的种类和数量较之内地有所扩大，需要政府在更多的方面进行扶持。

第三节　杰德秀居委会农村公共产品
供求现状的经验分析

一　研究范畴界定

从需求角度来看，农村公共产品主要是指那些对维持

---

① 郭桥、资建民：《大学逻辑导论》，人民出版社，2003，第16页。

和提高农民的农业生产和生活水平具有重要意义，但是单靠农民个体和家庭力量又无力提供，或者即使可以提供也因难以有效排他而缺乏激励机制来提供的产品①。本书将农村公共产品分成基本生产、基本生活、福利保障三类（见表9-1）。

表9-1 农村公共产品类型

类　型	内　容
基本生产类	农业灾害防治（水旱灾害、动物疫病、病虫草鼠害等）；农田基础设施（机井、小型农田水利、节水灌溉、田间道路、土地平整、土壤改良等）；农业技术推广与培训（种植、养殖、加工等技术和技能的推广培训等）；农业生产资料（良种、化肥、农药、农机具等补贴）；农业市场与信息服务（集贸市场、农产品检验检测、农产品买卖行情）；大江大河治理（防洪工程、大型灌区）等
基本生活类	人畜清洁饮水；看病就医；农村能源（解决农户取暖、做饭、照明等问题）；乡村道路建设；通电；通电话；文化设施；房屋修建与改善等
福利保障类	公共卫生和医疗（乡村医院、合作医疗、传染病防治等）；基础教育（解决子女上学问题）；职业教育（农民职业技能培训、生产技术培训等）；社会保障（最低生活保障、养老保险等）；生态环境建设与保护（退耕还林还草、农村污染治理、草场治理、渔业水域治理、村容村貌整治等）；农业保险（对市场和自然风险较大的农产品开展保险）等

---

① 刘义强：《建构农民需求导向的公共产品供给制度——基于一项全国农村公共产品需求问卷调查的分析》，《华中师范大学学报（人文社会科学版）》，2006年第2期（总第45期）。

二　调查方法

就基本生产、基本生活、福利保障三类农村公共产品，我们按重要程度排序分别设置了是否愿意自己出钱、目前有无提供、如果有提供你对目前的提供情况是否满意等调查项目。

为方便统计分析，在按重要程度对农村公共产品进行排序时，最重要的序号为1，以此类推为2、3、4……；愿意自己出钱的为1，不愿意自己出钱的为0；目前有提供的为1，没有提供的为0；对目前状况满意的为1，不满意的为0，采用统计软件SPS11.0对数据进行分析。

三　供给现状及评价

（一）　基本生产类

就基本生产类农村公共产品而言，杰德秀居委会目前提供的有：农业灾害防治中的水旱灾害，动物疫病，病虫草鼠害，农田基础设施中的小型农田水利，农业生产资料（良种、化肥、农药等补贴）；而火灾、农田基础设施中的节水灌溉、田间道路、平整土地、土壤改良，农业技术推广与培训、农业市场与信息服务以及大江大河的治理则没有提供。

从当地农牧民对目前提供的基本生产类农村公共产品的评价看，最为满意的是农业生产资料（良种、化肥、农药等补贴），选择非常满意的比例为30%，满意的比例为53%，二者之和达到了80%以上。据农牧民反映，良种是国家提供的，化肥国家有补贴，农户购进价格只相当于市场价的一半（市场价为 90 元/袋，农户购进价格为 45 元/袋），农药是政府免费提供的。因此，当地农牧民对农业生产资料的提供情况较为满意，并且希望继续执行下去（见表 9 - 2）。

表 9 - 2　对目前基本生产类农村公共产品提供情况的评价

单位:%

	非常满意	满意	无所谓	不满意	非常不满意
水旱灾害	15	45	6	30	4
动物疫病	4	32	9	45	10
病虫草鼠害	1	10	5	60	24
小型农田水利	10	25	5	40	20
农业生产资料（良种、化肥、农药等补贴）	30	53	8	8	1

资料来源：课题组调研整理。

农牧民对水旱灾害的评价仅次于对农业生产资料提供的评价。非常满意和满意的比例之和为 60%，认为无所谓的占 6%，不满意和非常不满意的比例之和为 34%。据农牧民反映，当他们的生活受到水灾、旱灾等自然灾害的影响时，国家有相应的灾害救助机制和救助政策，能使他们渡过难关，对此，他们较为满意。

和对农业生产资料提供的评价形成强烈反差的是对病虫草鼠害防治的评价。从评价情况看，选择非常满意的仅占 1%，选择满意的占 10%，认为无所谓的占 5%，不满意和非常不满意的比例之和为 84%，在病虫草鼠害防治中，当地农牧民反映最为强烈的是鼠害的问题。调查中我们发现，道路边上、废弃的土地上、耕地上随处都可以见到老鼠洞，甚至 1 亩左右的耕地上竟有几百个老鼠洞。据农牧民反映，刚播到田里的种子有时一夜之间就被老鼠全部吃光，只得重新播，严重浪费人力和种子，不仅如此，老鼠打洞，使得耕地漏水，严重影响农业生产，尽管政府也采取了一些防治措施，但是效果不好，鼠害问题是迫切需要解决的问题。

农牧民对动物疫病、小型农田水利的评价不高。就动物疫病而言，不满意和非常不满意的比例之和为55%，大于非常满意和满意的比例之和。其中反映较多的是村里兽医只有1个，不能及时防疫。就小型农田水利而言，不满意和非常不满意的比例之和为60%，主要是认为小型水利设施存在漏水现象，需要进行修补，才能适应农业生产发展的需要。

值得注意的是，在对基本生产类农村公共产品的评价中，我们设置了"无所谓"这一选项，从调查结果来看，各项目中选择无所谓的比例都小于10%，这说明杰德秀居委会农牧民对基本生产类农村公共产品较为重视，不是持可有可无的"无所谓"态度，已经认识到基本生产类农村公共产品对农业生产的巨大作用。

（二）基本生活类

就基本生活类农村公共产品而言，杰德秀居委会目前提供的有：看病就医、乡村道路、通电、通电话、房屋修建与改善。而人畜清洁饮水、农村能源、文化设施是目前还没有提供的基本生活类公共产品。

从当地农牧民对已经提供的基本生活类农村公共产品的评价看，对通电情况达到了100%的满意，其中非常满意的比例占90%。

其次，对通电话和看病就医也十分满意。就看病就医而言，非常满意的比例达80%，满意的比例为15%，这主要得益于农村合作医疗的开展。就通电话而言，非常满意和满意的比例之和达到了90%，另有10%的农户选择了无所谓。

就乡村道路而言，对目前提供的情况非常满意的比例仅占10%，满意的比例为20%，表示不满意和非常不满意的比例之和为60%，此外认为无所谓的占10%，这说明大多数农户对目前的乡村道路建设不满意。从杰德秀居委会的实际情况看，乡村道路不是水泥路，下雨时到处一片泥泞，而且刮风时风沙较大，到处是灰尘，不利于农牧民的身心健康。

从房屋修建与改善情况看（安居工程），杰德秀居委会大多数农牧民较为满意，并且从国家安居工程的优惠政策中受益，非常满意和满意的比例之和占70%（见表9-3）。

表9-3　对目前基本生活类农村公共产品提供情况的评价

单位:%

	非常满意	满意	无所谓	不满意	非常不满意
看病就医	80	15	3	2	0
乡村道路	10	20	10	40	20
通电	90	10	0	0	0
通电话	80	10	10	0	0
房屋修建与改善	60	10	20	10	0

资料来源：课题组调研整理。

（三）福利保障类

就福利保障类农村公共产品而言，杰德秀居委会目前提供的有乡村医院、基础教育、社会保障和生态环境保护等；
而在传染病防治、职业教育、农业保险等方面还有待于提供。

从对既有福利保障类农村公共产品的评价看，当地农
牧民对基础教育的提供十分满意，非常满意及满意的比例
之和占97%，这主要缘于西藏特殊的义务教育政策，西藏
农牧民享受到了内地农村所无法比拟的特殊优惠。杰德秀
居委会农牧民对当前国家实施的义务教育政策非常欢迎，
对此政策持积极支持态度，认为这是国家对农牧民的关心，
在为农牧民办实事。

就对社会保障的评价看，非常满意的比例为30%，满
意的比例为40%，两者之和占70%。据调查，杰德秀居委
会家庭年收入低于350元的可申请列入低保行列，一个人一
个月可以领取100多元补助，此外，对特困户和五保户还有
特困救助补贴。对此政策，农牧民较为满意。

当地农牧民对乡村医院的评价不高，非常满意和满意的
比例之和为40%，不满意和非常不满意的比例之和大于非常
满意和满意之和12个百分点。调查中，当地农牧民普遍反映
的是医院的设施陈旧、落后，认为应进一步充实医院的设备，
这是导致当地农牧民对乡村医院评价不高的主要原因。

在生态环境保护方面，我们重点调查的是退耕还林和
村容村貌整治，因此农牧民的评价主要是根据这两项而进
行的。总体而言，对退耕还林和村容村貌整治等生态环境
保护评价不高。选择非常满意的比例为0，选择满意的比例
为8%，持无所谓态度的占10%，不满意和非常不满意的比
例高达82%。就退耕还林工程而言，据当地农牧民反映：
国家对退耕还林的补贴标准是30元/亩，其中15元是现金，
15元以粮食形式发放，若退耕还林成活率达到100%，再每

亩多加误工补贴 20 元，但目前只拿到 2003 年、2004 年两年的补助，2005 年的补助至今尚未拿到。因此，当地一些农牧民开始怀疑政策的连续性，担心补助不会发了，甚至一些农牧民认为不该进行退耕还林，还不如加些土，耕种庄稼。另外，就村容村貌的整治看，当地没有垃圾统一堆放的地方，垃圾随意丢弃，街道上，道路上，河沟边上，到处是垃圾，不但村容不整洁，而且严重影响身心健康，当地农牧民对此反响较大。基于上述原因，当地农牧民对退耕还林和村容村貌整治等生态环境保护评价不高（见表 9-4）。

表 9-4　对目前福利保障类农村公共产品提供情况的评价

单位：%

	非常满意	满意	无所谓	不满意	非常不满意
乡村医院	10	30	8	35	17
基础教育	70	27	3	0	0
社会保障	30	40	20	10	0
生态环境保护	0	8	10	72	10

资料来源：课题组调研整理。

四　需求的位序结构

我们假设，农牧民在生产生活中会依据需要程度如何对基本的农村公共产品安排一种位序结构，即排列出应该重点或优先解决的公共产品，这种排列不仅能反映农牧民对农村公共产品的需求特征，而且能为制定满足农牧民基本需求的农村公共产品供给决策提供参考。

我们将农牧民对农村公共产品的排序（最需要解决的排第一，以此类推），赋予 20 到 1 降序分值，分别计算出各项的最后总得分，并根据最后总得分排序（见表 9-5）。

表 9 - 5　农村公共产品位序结构

	选　项	排序
基本生产类	农业灾害防治	2
	农田基础设施	3
	农业技术推广与培训	6
	农业生产资料	16
	农业市场与信息服务	7
	大江大河治理	14
基本生活类	人畜清洁饮水	1
	看病就医	17
	农村能源	13
	乡村道路建设	8
	通电	20
	通电话	19
	文化设施	5
	房屋修建与改善（安居工程）	12
福利保障类	公共卫生和医疗	11
	基础教育	18
	职业教育	10
	社会保障	15
	生态环境建设与保护	4
	农业保险	9

资料来源：课题组调研整理。

　　由表 9 - 5 可知，当地农牧民反映最为强烈，也最想解决的是人畜清洁饮水问题。调查中发现，杰德秀居委会饮用水水质较差，水色泛黄，没有经过任何的消毒处理，加之水井的隔离和保护措施不好，沟渠里的脏水、污水时常渗透到水井里。由于长期饮用不健康水，当地的传染病流行。农牧民反映："一些孩子考上内地西藏班的，却因为身体原因而不能上学。"目前杰德秀居委会农牧民基本上几家共用一口水井，也有一家一口水井的，天旱导致很多水井断水，农牧民只得到其他水井去挑水。缺水和水质差给农牧民生活带来了极大的不便，也影响了身体健康，因此，在20项农村公共产品需求中，当地农牧民将人畜清洁饮水放在了第一位。

排在第二位和第三位的是农业灾害防治和农田基础设施，从前面的分析可知，这两项目前都有提供，但是当地农牧民对其评价不高，需要进一步完善。农业灾害防治和农田基础设施都是基本生产类农村公共产品，是关乎农牧民基本生活问题的公共需要。但是实践中病虫鼠害防治没有得到有效的解决，已有的水塘、水坝和灌溉设施因为缺乏维修和保养，已经老化，功能逐渐退化，这些都对农业生产构成了一定的威胁。对农业生产收入在家庭总收入中占有相当大比重的杰德秀居委会来说，改善基本生产农村公共产品供给情况，具有必要性和紧迫性。

另外，生态环境建设与保护、文化设施建设、农业技术推广与培训也是当地农牧民较为关心的农村公共产品。农牧民希望能有效处理垃圾，改善村容村貌；希望能有农村技术推广与培训，提高农业科技水平。就文化设施而言，农牧民反映满足文化娱乐需求的基础设施较为匮乏，村里没有广播，没有电影设施，没有表演队（以前有，但是现在解散了），村里不举办集体文化活动，农牧民空闲时间做得最多的事情是看电视、打牌、聊天和进行宗教活动，他们希望能组建表演队，村里安广播，定期播放电影等，以满足文化娱乐的需要。

农业市场与信息服务、乡村道路建设、农业保险、职业教育分别排在第七位到第十位。农牧民希望政府能提供市场信息，引导生产发展；希望村里能够通水泥路；希望政府提供农业保险，保障农业生产；希望安排统一的职业技术培训，增强实际操作能力。

从前面的分析可知，农牧民对通电、通电话、基础教育、看病就医、农业生产资料、社会保障、房屋修建与改善等公共产品的提供较为满意。事实上，在农牧民需求排序中也反映了他们这种评价，即上述各项基本都排位靠后，其中倒数第一的是通电，倒数第二的是通电话。而且农牧民觉得通电、通电话、基础教育、看病就医、农业生产资料基本不需要改善。就公共卫生与医疗而言，他们希望改善乡村医院的医疗设施。

而对以前没有提供的农村能源、大江大河治理，农牧民需求不高，分别排第十三位和第十四位。主要是因为他们目前在取暖、做饭、照明等方面没有困难，同时对于大江大河的治理，他们认为和其基本生产和生活相关性不大，因此关注的程度不高。

五　支付意愿

从对农牧民支付意愿的调查看，主要存在以下特点。

（1）不同收入阶层的家庭，支付意愿表现出较大的差异性。以人畜清洁饮水为例，富裕家庭表示愿意出资的比例高达90%；中等户表示愿意出资的比例只有48%，而贫困户愿意出资的比例为0。可见，出资的意愿和农牧民的收入水平高度相关。

（2）对不同的农村公共产品，支付意愿也存在较大差异。农牧民对人畜清洁饮水的支付意愿较大，而对其他的农村公共产品即使是富裕户也普遍不愿意支付。这说明需求越大的农村公共产品，农牧民的支付意愿越高。

总体而言，农户自身的支付意愿不高，大多数被调查者认为农村公共产品的投入应该主要由政府投入。

六 结论及政策建议

（一）结论

通过以上分析，可以得出以下结论。

（1）杰德秀居委会农牧民对通电、通电话、基础教育、看病就医、农业生产资料、社会保障、房屋修建与改善等公共产品的提供较为满意。在农牧民需求排序中也反映了他们这种评价，即上述各项基本都排位靠后，其中倒数第一的是通电，倒数第二的是通电话，农牧民觉得通电、通电话、基础教育、看病就医、农业生产资料基本不需要改善。

（2）从需求的位序结构看，当地农牧民反映最为强烈、也最想解决的是人畜清洁饮水问题。其次是农业灾害防治和农田基础设施，另外，生态环境建设与保护，文化设施建设、农业技术推广与培训也是当地农牧民较为关心的农村公共产品。

（3）从农牧民支付意愿看，不同收入阶层的家庭，支付意愿表现出较大的差异性。对不同的农村公共产品，支付意愿也存在较大差异。农牧民对人畜清洁饮水的支付意愿较大，而对其他的农村公共产品即使是富裕户也普遍不愿意支付。总体而言，农户自身的支付意愿不大，大多数被调查者都认为农村公共产品的投入应该主要由政府承担。

（二）政策建议

（1）对农村公共产品需求排序，在合理地评判各项公共需求间关系的基础上，按轻重缓急排序，优先解决亟须解决的重点问题而兼顾其他。由于利益主体不同，政府与农牧民在公共需求的取舍上，也会存在着一定的差距。以往经验表明，以政府的偏好来选择公共建设项目，资金绩效的公众评价不高。因此，要提高农村公共产品供给的效率，提高公共产品供给的资金绩效，必须切实考虑农牧民的基本需求，从需求出发，优先解决亟须解决的重点问题。

（2）对农村公共产品需求排序，实际上包含着阶梯式开发的重要概念，即在总的战略思路层面，应根据排序确定公共需求的重要性，来分阶段、有侧重点地动态解决区域内的公共产品供给问题。从调查的情况看，杰德秀居委会应优先发展的农村公共产品为人畜清洁饮水、农业灾害防治、农田基础设施、生态环境建设与保护、文化设施建设、农业技术推广与培训等。

（3）农村公共产品供给需要大量的资金，而农户由于自身收入水平的低下，无论是支付能力还是支付意愿都不强。在这种情况下，为确保农村公共产品供给，必须要利用财政拨款的方式提供。对于经济发展水平比较高的地区，可以适当地由农户承担一部分费用，但必须充分考虑到农户的支付意愿。

（4）坚持"因地制宜、因村制宜"的原则。不同地区，农户对公共产品的偏好是不一样的，即使是同一地区的不同村庄，对公共产品的偏好也存在差异。因此，在提供公共产品的过程中，必须坚持"因地制宜、因村制宜"的原则，根据每个村的实际情况制定具体对策。

第四节 基层政府与农村公共产品供给

一 西藏农村基层政府在公共产品供给中面临的困境

我们调研期间，发现当地农牧民对农村生产基础设施、基本生活基础设施等公共产品有着强烈需求。几乎所有的农牧民都告诉我们，目前亟须解决的是人畜饮水问题，一些农牧民甚至表示愿意集资尽快解决饮水工程。还有一些农牧民说："现有灌溉条件对粮食产量影响较大，希望水渠能够维修。"

既然村民有如此强烈的公共产品需求愿望，为什么一些涉及基本生产和生活的公共产品供给没有得到很好的解决呢？基层政府又是怎样应对农牧民们对农村公共产品的需求呢？

课题组在杰德秀调研期间，整理出了杰德秀镇政府所有的请示报告（见表9-6），共39个。从这些请示报告中，我们可以窥见西藏农村基层政府在公共产品供给中面临的困境。

报告中既有杰德秀镇政府的直接预算，要求上级下拨资金的，金额从几千到数十万元不等，也有没有明确金额，要求上级部门予以解决的。

报告涉及的批复单位有自治区科技厅、自治区林业厅、贡嘎县民政局、贡嘎县教育局、山南地区劳动局、自治区民族宗教委员会、西藏自治区佛协、贡嘎县电力管理所、贡嘎县城建局、西藏自治区水利厅、县财政局、贡嘎县委、县人大、县委组织部、贡嘎县计委、自治区农牧厅、政协八届四次会议、地区财政局、自治区民宗委、县人民政府、农牧局、推广站、山南地区民政局、山南地区民宗局、自治区民族宗教委员会。其中既有单独呈报给一个单位的，也有同时呈报给多个上级单位的。如《关于杰德秀镇杰德秀居委会要求重新选举居委会领导班子的报告》，就同时呈报给贡嘎县委、县人大、县委组织部、县民政局（见表9-6）。

表9-6　杰德秀镇政府所有请示报告

类　别	序号	报告题目	申请批复单位
基本农业生产类农村公共产品	1	关于调查斯麦二组上方粮田被杂草所破坏情况的报告	县人民政府、农牧局、推广站
	2	关于解决改善杰德秀居委会农田水利基础设施资金的报告	自治区民宗委
	3	关于恳请解决斯麦居委会二组新修水渠所需资金的报告	县人民政府
	4	关于恳请解决修吾村维修水渠所需资金的报告	地区财政局
	5	关于请求解决修复田间水渠所需资金的报告	西藏自治区水利厅
	6	关于修吾村购置水泵等所需资金的报告	贡嘎县人民政府
	7	请求解决江雄大沟的洪水集中道资金的报告	西藏自治区水利厅
	8	请求解决果吉村河滩改造资金的提案	政协八届四次会议
	9	申请解决修吾村新修机井的资金报告	贡嘎县人民政府
	10	申请解决克西村的农田基础建设资金的报告	自治区农牧厅

续表 9 - 6

类　别	序号	报告题目	申请批复单位
基本生活类农村公共产品	1	关于请求急需解决杰德秀居委会索果村人畜饮水问题的报告	县人民政府
	2	关于请求解决斯麦居委会人畜饮水资金的报告	西藏自治区水利厅
	3	关于请求解决克西村人畜饮水工程的资金报告	西藏自治区水利厅
	4	请求解决垃圾运输车的报告	贡嘎县城建局
	5	关于请求列入农网改造项目的报告	贡嘎县电力管理所
兼具生产和生活性质的农村公共产品（道路、桥梁等）	1	关于请求落实农村公路养护金的报告	贡嘎县交通局
	2	解决杰德秀镇杰德居委会宗角自然村架杆拉线资金的报告	贡嘎县委、县政府
	3	关于恳请解决果吉村建桥所需水泥钢筋的报告	贡嘎县计委
福利类农村公共产品	1	关于解决曲普寺维修大殿及修路所需资金报告	西藏自治区佛协
	2	关于申请解决曲普尼姑寺维修寺房的资金报告	自治区民族宗教委员会
	3	申请解决苏若林寺维修资金报告	山南地区民宗局
	4	关于请求赞助杰德秀居委会敬老院装修资金的报告	县民政局
	5	关于请求援助杰德秀居委会新建活动室资金的报告	县人民政府
	6	关于请求赞助杰德秀居委会敬老院装修资金的报告	山南地区民政局
	7	申请解决退休支部活动经费的报告	山南地区劳动局
	8	关于兑现克西村中心校师生宿舍进行改建资金的报告	贡嘎县教育局
	9	关于恳请解决医疗费的报告	贡嘎县民政局

类　别	序号	报告题目	申请批复单位
乡村治理	1	关于杰德秀镇杰德秀居委会要求重新选举居委会领导班子的报告	贡嘎县委、县人大、县委组织部、县民政局
	2	关于杰德秀居委会财务纠纷的报告	贡嘎县人民政府
	3	请求解决果吉村委会借贷资金的报告	县人民政府
	4	关于达娃次仁同志兼任秀隆公司副董事长和周小妊同志兼任公司出纳的报告	县财政局
其　他	1	关于申请解决克西村人工造林的补贴报告	自治区林业厅
	2	关于申请解决建庭园经济林及购羊毛加工机的资金报告	自治区科技厅
	3	关于请求解决杰德秀镇购买车辆的资金报告	贡嘎县交通局
	4	关于请求解决杰德秀镇购买车辆资金的报告	贡嘎县人民政府
	5	关于报销先进性教育工作中相关办公经费的报告	贡嘎县委、县政府
	6	关于解决"双带"工作部分资金的报告	贡嘎县组织部
	7	申请购买办公用品的报告	县人民政府
	8	关于请求解决杰德秀镇附属工程欠付款的报告	贡嘎县政府

资料来源：杰德秀镇政府。

　　课题组将所有报告分为基本农业生产类公共产品、基本生活类农村公共产品、兼具生产和生活性质的农村公共产品（道路、桥梁等）、福利类公共产品、乡村治理及其他报告 6 类。

1. 基本农业生产类公共产品报告

　　基本农业生产类公共产品与农业生产息息相关。这主要涉及水渠维修、河滩改造、水泵购置等方面，具体包括《关于调查斯麦二组上方粮田被杂草所破坏情况的报告》、《关于解决改善杰德秀居委会农田水利基础设施资金的报告》、《关于恳请解决斯麦居委会二组新修水渠所需资金的报告》、《关于恳请解决修吾村维修水渠所需资金的报告》、《关于请求解决修复田间水渠所需资金的报告》、《关于修吾村购置水泵等所需资金的报告》、《请求解决江雄大沟的洪水集中道资金的报告》、《请求解决果吉村河滩改造资金的提案》、《申请解决修吾村新修机井的资金报告》、《申请解决克西村的农田基础建设资金的报告》。值得说明的是，杰德秀镇政府在请求解决果吉村河滩改造资金时，不是直接的资金请求报告，而是采取了提案的形式提请政协八届四次会议审议，这反映了基层政府在解决农村公共产品方面的不同途径。

2. 基本生活类农村公共产品报告

基本生活类农村公共产品主要涉及人畜清洁饮水、生活垃圾和环境污染等方面，这也是我们调研期间杰德秀居委会农牧民反映最强烈的问题。此类报告主要包括《关于请求急需解决杰德秀居委会索果村人畜饮水问题的报告》、《关于请求解决斯麦居委会人畜饮水资金的报告》、《关于请求解决克西村人畜饮水工程的资金报告》、《请求解决垃圾运输车的报告》、《关于请求列入农网改造项目的报告》。

3. 兼具生产和生活性质的农村公共产品（道路、桥梁等）报告

兼具生产和生活性质的农村公共产品包括道路、桥梁等。事实上，道路、桥梁等公共设施的供给，不仅与当地农牧民的基本生活息息相关，而且在推进当地农村基本生产中也发挥着重要作用。此类报告主要包括《关于请求落实农村公路养护金的报告》、《解决杰德秀镇杰德居委会宗角自然村架杆拉线资金的报告》、《关于恳请解决果吉村建桥所需水泥钢筋的报告》。

4. 福利类公共产品报告

福利类公共产品主要是着眼于更好地满足农牧民精神文化需要，解决弱势群体的基本生活等方面的需求。此类报告主要包括《关于解决曲普寺维修大殿及修路所需资金报告》、《关于申请解决曲普尼姑寺维修寺房的资金报告》、《申请解决苏若林寺维修资金报告》、《关于请求赞助杰德秀居委会敬老院装修资金的报告》、《关于请求援助杰德秀居委会新建活动室资金的报告》、《申请解决退休支部活动经费的报告》、《关于兑现克西村中心校师生宿舍进行改建资金的报告》、《关于恳请解决医疗费的报告》。

5. 乡村治理报告

乡村治理的报告主要涉及村级财务纠纷、借贷资金等方面。此类报告主要包括《关于杰德秀镇杰德秀居委会要求重新选举居委会领导班子的报告》、《关于杰德秀居委会财务纠纷的报告》、《请求解决果吉村委会借贷资金的报告》、《关于达娃次仁同志兼任秀隆公司副董事长和周小妊同志兼任公司出纳的报告》。如何为新农村建设提供基本的公共管理服务，包括为国家机器正常运转所提供的管理服务，以确保本区域社会经济运行的协调有序，不仅是基层政府的基本职能，也是乡村治理的基本要求。为此，从杰德秀镇的报告中，我们专门将乡村治理归为一类，以了解基层政府在乡村治理中面临的问题和困惑。

6. 其他类报告

其他类报告则主要涉及办公经费的申请，主要包括《关于申请解决克西村人工造林的补贴报告》、《关于申请解决建庭园经济林及购羊毛加工机的资金报告》。其中办公设施类报告主要包括《关于请求解决杰德秀镇购买车辆的资金报告》、《关于报销先进性教育工作中相关办公经费的报告》、《关于解决"双带"工作部分资金的报告》、《申请购买办公用品的报告》、《关于请求解决杰德秀镇附属工程欠付款的报告》。上述报告不仅说明了西藏农村基层政府在办公条件方面的拮据，也在一定程度上反映了西藏农村基层政府的财力状况。

二　理论分析

上述报告传递了一个明显信息，即基层政府在提供农村公共产品中面临的资金尴尬。

《宪法》规定，乡级政府的职能是："执行本行政区域内的经济和社会发展计划、预算；管理本行政区域的经济、教育、科学、文化、卫生、体育事业和财政、民政、公安、司法、计划生育等行政工作。"职责范围几乎涵盖了农村社会生活的各个方面。事实上，乡镇政府最贴近农民，更容易获得和把握农民对公共产品和服务的需求信息，由乡镇政府分析利用这些信息，可以避免信息在政府间传递过程中可能发生的信息不对称乃至信息失真，从而可以使公共支出的安排更有效。与中央和省级政府相比，由乡镇政府负责农村公共产品的供给，具有信息搜寻费用低、安排的项目针对性强和更便于引导农民参与等优势。

从建设服务型政府的角度看，乡镇政府在新农村建设中的职责范围包括三个层面：（1）为新农村建设提供基本的公共管理服务，包括为国家机器正常运转所提供的管理服务，以确保本区域社会经济运行的协调有序。这是乡镇政府的基本职能，也是开展社会主义新农村建设的必要条件。（2）落实中央提出的扩大公共财政覆盖农村范围的目标，促进区域范围内公共事业的发展：一方面，为辖区内农民提供教育、卫生、环保等公共产品和服务；另一方面，完善农村优抚、救济、救灾等社会保障体系，在有条件的地方建立农村最低生活保障和养老、失业保障制度，创建和谐有序的社会氛围。（3）把握辖区的社会经济走向，特别是区域的比较优势及其变化，并通过制定新农村建设规划和提供政策指导，为区域比较优势的发挥做出应有的贡献。

然而现实情况是，履行与农民收入增长及农业发展息息相关的农村公共产品所需要的费用并不能由地方政府（主要是乡镇政府）的制度内财政收入完全负担。绝大部分以农业为主要收入来源的县、乡政府财政力量十分薄弱，财政缺口较大，由于县乡财政紧张，不得不缩小农村社会经济发展所需的基本公共产品和服务的供给规模，降低标准。这种情况下，农村基层政府在提供农村公共产品、履行自身职能中面临着两难选择：一方面，有履行基层政府公共服务职能的责权；另一方面又缺乏与履行基层政府公共服务职能相对应的事权。

从表9-6中我们可以看出，西藏农村基层政府在建设服务型政府、提供农村公共产品和履行自身职能中存在着两难选择：一方面，切实履行基层政府公共服务职能，需要向广大农牧民提供农村公共产品；另一方面，要向广大农牧民提供农村公共产品，需要相应财权的支撑，但是现实情况是，基层乡镇政府却没有完成这一事权相应的财权，或者说事权与财权不对等，这必然使得基层政府公共服务职能的"缺位"。在杰德秀镇，这种"缺位"主要表现为对基本农业生产类公共产品、基本生活类农村公共产品、兼具生产和生活性质的农村公共产品（道路、桥梁等）、福利类公共产品供给的不足。

当基层政府财力无力解决本辖区范围内的公共产品供给时，他们选择向上级政府请示资金援助的方式，事实上这是目前西藏大多数农村基层政府选择的方式，甚至是唯一的方式。

另外，从杰德秀镇政府本身的财力上看，杰德秀镇经济是"传统农业＋民族手工业"经济，农业产业化处于探索阶段，民族手工业发展以家庭为主，没有形成规模协作，乡镇财政收入有限。

三 原因分析

就造成西藏农村基层政府在农村公共产品供给上处境尴尬的原因而言，既有财政能力问题的因素，也有乡镇政府权责严重不对等的制度安排因素。

（1）本身财力收入有限。一方面，杰德秀镇经济是传统农业经济，经济结构单一，以粮食生产为主的种植业占主导地位。这体现在财政收入上，大部分乡镇财政收入以农业税收收入为主，第二、三产业发展滞后，财源单一，缺少新兴财源。另一方面，实践中还存在预算资金调度不畅的问题，由于中间环节多，上级政府为了保证各自支出和区域经济调控的需要，不免会产生层层集中财力的弊端，使资金不能及时足额到位。

（2）乡镇政府权责严重不对等。根据公共产品理论和公共财政理论，公共产品的供给应按照事权与财权相一致的原则合理划分各级政府的责任，纯公共产品或全国受益的公共产品由中央政府提供，准公共产品或部分地区受益的公共产品则由地方政府负责。无论是相关法律法规的规定方面，还是实际工作任务方面，乡镇政府明显存在责大权小的问题，即承担的职责任务重，可运用的权力资源少。目前中国乡镇政府"条块分割"十分明显，运行中存在权力在"条"，责任在"块"，财权在"条"，事权在"块"，权责和利益分配不尽合理的现象。乡镇作为一级政权组织，缺乏统筹本级政府收支的基本权力，无法满足其在财力上的相对独立性，激励约束机制更无从建立。现实中，杰德秀政府承担了广泛的事权，与之相比，其财权却极为有限，使得其在农村公共产品的供给上处境尴尬。

四 相关建议

（1）分清轻重缓急，优先解决亟须解决的农村公共产品供给。事实上，如此众多的请示报告上级政府不可能全部予以解决，在未来实践中，切忌对公共产品和服务不分轻重缓急，全面铺开。

（2）理顺县乡两级政府的事权关系。实践中，应按照权力、责任、利益统一的原则，合理划分县乡权责，一般来说，乡镇政府应该直接提供公共安全、民事纠纷处理、社区医疗、垃圾处理等公共产品，而农村基本水利建设、基础教育、民兵训练、五保户的供养等，应该由县级政府负责。对于不应该由乡镇承担的事权，要按谁派任务谁出钱的原则，由下派任务的县级政府加大财政的转移力度。

（3）积极推进公共财政体制的改革，加大对基层政府的转移支付。乡级政府是现有行政体制中最基层的一级政府，在现有的国家制度框架内，向所辖社区提供包括教育、卫生、社会保障等几乎所有的公共产品，是乡级政府的重要职能。"分灶吃饭"的财政体制改革之后，赋予了基层政府提供公共产品的事权，却没有给予相应的财权，权责不相对称，因此必须进一步推进公共财政体制的改革，加大国家对基层政府的转移支付，调整支农资金投入方式。财政支农资金要尽量减少间接和对中间环节的补贴，积极探索对农民直接支持的各种有效补贴办法，逐步建立起以收入补贴、生产补贴、救助性补贴为主的财政支农资金直接补贴方式。

后 记

　　根据中国社会科学院中国边疆史地研究中心主持的2004 年度国家社科基金特别项目 "新疆历史与现状综合研究项目" 附设项目——"当代中国边疆·民族地区典型百村调查"（简称 "百村调查"）的要求，西藏自治区共有 13个村纳入此次调研计划，贡嘎县杰德秀居委会是其中的一个调研点。2007 年 3 月，在西藏社会科学院农村经济研究所所长倪邦贵研究员和四川大学博士生导师杨明洪教授的鼓励和支持下，笔者和四川大学的范远江博士、郑洲博士来到西藏进行了为期一个月的田野调查。从拉萨到贡嘎，从贡嘎到扎囊，从扎囊到那曲，我们结识了很多人，认知了很多事，深切地感受到了西藏农牧民生活、生产的全貌。西藏农牧民的热情好客、西藏农村独特的民俗风情，无不给我们留下了深刻的印象。

　　在边疆民族地区中，西藏可谓是特殊中的特殊。西藏自治区地处祖国西南边陲，总面积 12 万平方公里，藏族等少数民族占总人口的 94.15% 。全区平均海拔在 4000 米以上，有 "世界第三极" 之称，地形地质条件复杂多样，有高山深谷、荒漠戈壁，生态脆弱，气候条件恶劣，人民的生活、生产条件艰苦，至今市场化程度不高，经济发展处于全国低水平。同时，西藏又是中国西南地区边境线最长的省份，面临着复杂的国际环境，是确保中国国家安全的重要地区。对于集政治敏感、经济落后、生态脆弱、国防特殊于一体的特殊区域，其稳定与经济社会发展，直接关系着中国民族团结、社会稳定的大局。而对于以农牧民为主体的西藏来说，其稳定和发展的关键是农牧区的稳定和发展。

基层农牧区的经济社会发展状况是西藏经济社会发展的直接反映，同时，基层农牧区的经济社会发展状况对整个西藏的发展具有至关重要的作用。为更好地了解西藏基层农牧区经济、政治、文化、社会等方面的发展状况，课题组选择以村为单位对西藏特别是西藏农村的发展状况进行全面的实地调查，目的在于从基层着手，深入了解农牧民生产、生活的现实情况，为科学决策提供基础性经验资料。

本书以贡嘎县杰德秀镇的杰德秀居委会为调研对象，从经济发展状况、民族与宗教、基层组织、农村公共事业等方面对杰德秀居委会的发展特征进行了系统分析。结果表明，得益于交通条件和民族手工业发展的比较优势，杰德秀居委会在经济发展、民族与宗教事业等方面取得了一定的成绩，但在经济社会发展过程中还面临着诸多矛盾和困难。为更好地推动其经济社会的全面发展，必须从当地实际情况出发，利用自身比较优势，创新发展思路。

值得说明的是，作为西藏的农村基层单位，其有着和内地其他农村基层单位不同的经济、政治和社会特征，而且这种特征会随着时间的推移不断变化。因此，对西藏农村基层的观察和研究工作不是一劳永逸的，而需要不断地跟进和进一步充实。

在此，我由衷地感谢所有鼓励我、帮助我进行实地调查和撰写此书的人。

首先是我的导师杨明洪教授，从调查前的准备，到调查中的亲历指导，再到调查报告的指导修改，每一个阶段无不倾注了杨老师的大量心血。在我攻读博士期间，杨老师鼓励我进行田野调查，鼓励我用文化人类学的田野调查方法来研究社会热点、难点问题，并在各个方面提供尽可能的帮助，没有他的鼓励和帮助，我不可能有今天的收获。

感谢西藏社会科学院农村经济研究所所长倪邦贵研究员，本书的出版离不开倪老师一如既往的帮助、支持和鼓励。在西藏调研过程中，倪老师尽力在各方面给予我们支持和照顾；在报告写作过程中，他又给予了我许多建设性的意见和建议，在此表示深深的谢意。

感谢杰德秀镇政府次吉书记、米玛镇长在调研过程中给予我们的大力支持。

特别感谢杰德秀镇政府人大副主席罗布仁青主席的帮助，在杰德秀居委会调查过程中，罗布仁青主席作为翻译，自始至终地陪同我们进行调查，并在多方面为我们提供帮助，在此对他付出的辛勤劳动和汗水表示诚挚的谢意。

感谢杰德秀居委会的达瓦书记、江白副书记的大力支持，在调查过程中，达瓦书记、江白副书记尽可能抽出时间陪同我们进行调查，为我们介绍全村经济、社会发展状况，在此，对他们表示由衷的感谢。

感谢贡嘎县统计局、民政局、农牧局、卫生局等单位领导的支持，他们为我们提供了大量的统计资料。

感谢杰德秀居委会全体农牧民的支持，在入户调查中，他们总是给予我们积极的配合，他们的热情、淳朴、善良，至今仍令我记忆犹新。

本书的出版，得益于中国社会科学院中国边疆史地研究中心的大力支持，感谢李方研究员和孙宏年博士给予本书的肯定、鼓励和宝贵的修改意见，感谢社会科学文献出版社编辑们的辛勤劳动。

孙继琼

2009 年 7 月于成都

图书在版编目（CIP）数据

民族手工业村经济与社会发展：西藏山南地区贡嘎县
杰德秀居委会调查报告/孙继琼著. —北京：社会科学
文献出版社，2010.12
（当代中国边疆·民族地区典型百村调查／厉声主编.
西藏卷. 第 1 辑）
ISBN 978 – 7 – 5097 – 1273 – 3

Ⅰ. ①民…　Ⅱ. ①孙…　Ⅲ. ①乡村—手工业—工业
经济—调查报告—贡嘎县 ②乡村—社会调查—调查报
告—贡嘎县　Ⅳ. ①F427.755 ②D668

中国版本图书馆 CIP 数据核字（2010）第 036448 号

当代中国边疆·民族地区典型百村调查：西藏卷（第一辑）
民族手工业村经济与社会发展
——西藏山南地区贡嘎县杰德秀居委会调查报告

著　　者／孙继琼

出 版 人／谢寿光
总 编 辑／邹东涛
出 版 者／社会科学文献出版社
地　　址／北京市西城区北三环中路甲 29 号院 3 号楼华龙大厦
邮政编码／100029
网　　址／http：//www.ssap.com.cn
网站支持／（010）59367077
责任部门／编译中心（010）59367139
电子信箱／bianyibu@ssap.cn
项目负责／祝得彬
责任编辑／王玉敏　邓纯仁
责任校对／李临庆
责任印制／董　然　蔡　静　米　扬

总 经 销／社会科学文献出版社发行部
　　　　　（010）59367081　59367089
经　　销／各地书店
读者服务／读者服务中心（010）59367028
排　　版／北京宝蕾元科技发展有限公司
印　　刷／北京美通印刷有限公司

开　　本／889mm×1194mm　1/32
印　　张／9.5　插图印张／0.25
字　　数／209 千字
版　　次／2010 年 12 月第 1 版
印　　次／2010 年 12 月第 1 次印刷

书　　号／ISBN 978 – 7 – 5097 – 1273 – 3
定　　价／138.00 元（共 4 册）